早稲女(ワセジョ)の逆襲

◆文とイラスト
青山悠希 *aoyama yuhki*

言視舎

はじめに　早稲女はツラいよ

こんな言葉を聞いたことはないでしょうか？

「男3000円、女2000円、早稲女は2500円」――。

「早稲女（ワセジョ）」とは早稲田大学の女子のこと。早稲田のコンパや飲み会の場において、男子が3000円、他大の女子が2000円の会計の場合、早稲女だけは2500円の別料金。早稲女がいかに女子扱いされていないかを表す有名な小話（?）です。

慶應義塾、上智、青山学院大など東京の私立大学の中で、早稲田大学の女子は飛び抜けて異性からの人気がないと言われてきました。早稲田大学自体は「私学の雄」として世間でもまずまずの評価を受けているはずなのに、恋愛市場における女子の偏差値はD判定の「市場ランク外」という評価。「早稲女」という言葉をネットで調べてみると、女らしさに欠ける、ガサツ、男と張り合ってくる、下ネタが多い、ファッションセンスがないなど、どこかネガティブなイメージがついてまわります。

かくいう私も早稲田卒。いわゆる「早稲女」のはしくれです。え、卒業しても「早稲女」なの？と疑問に思われる方もいるでしょう。しかし経験から言えることは、**一度早稲田に染まると、卒業しようがなんだろうが「早稲女」です。**「三つ子の魂百まで」ではありませんが、早稲田での大学生活は良くも悪くも、意識しようがしまいが、その後の恋愛、結婚、働き方など人生のいろいろな側面に影響を与えるのです。

さて、この本を手に取ってくださったあなたはどんな方なのでしょう。おそらく私と同じ「早稲女」の方が多いのでしょうか。はじめにお断りをしておくと、この本は「客観的なデータに基づき早稲女を体系的に紹介する本」ではありません。そういうのはマイ○ビさんやリク○ートさんにお任せするとして、この本はひとりの名もなき早稲女が、世間の早稲女たちにむけてひたすら内輪ウケを狙う「**早稲女の早稲女による早稲女のための本**」です。

受験生の皆様の参考にもならなければ、就活リクルーターの皆様にいたっては決して手にとっていただきたくない、いわゆる〝自虐本〟であります。

一部の内容というかほとんどの章が独断と偏見に満ちており、在学生、卒業生、関係者の方々にはご不快な思いをさせてしまったり、多大なご迷惑をおかけする恐れもありますが、こういう本の心得として「決して真に受けて怒らない」という不文律がございます。

早稲田卒にも不届きな輩はいるものだと何卒笑ってご寛恕いただければ幸いです。

早稲田も随分変わりました。最近の学生たちの間では「早稲女」という言葉自体、あまり使われていないそうですね。よってこの本で扱う内容も、時代によって多少のズレはあることをあらかじめご承知おきください。

ミッションは「逆襲」

さて、この本に「早稲女の逆襲」という穏やかではないタイトルをつけたのは、私が**「早稲女」として長年感じてきたモヤモヤ**をみなさんとシェアして、できることなら解消したいというのが主な理由です。例えば慶應と比べた時に、高校時代に同じくらい大変な思いをして受験を乗り越えなんとか受かり、同じくらい高～い学費を払って入学したはずなのに、入った途端に運命の分かれ道が始まります。かたや「慶應ガール」と呼ばれ（そもそもどうなのよ、この呼び方の差！）、「オシャレ」「洗練されている」「家が金持ちっぽい」など神戸牛さながらのブランディングがされる一方、早稲田に入った女子は「早稲女」と呼ばれ、「服も髪型もダサい」「女でも男でもない第三の性」「根性あるから多少ザツに扱ってもＯＫ」などと謎の焼きゴテが押される始末。そしてそれが就活でもその後の恋愛結婚でもついて回るのです。「お前、どうせ早稲女だろ?」と。そこで「ヤダー、ひっどーい！（プンプン）」などと可愛げがある怒り方ができないのが早稲女。「なんだよ、出身校ひとつで決めつけか？　ケツの穴の小さい野郎だぜ！」ぐらいは思ってきました……心の中で。

しかしですね、一番問題なのはまわりの評価ではないのです。「早稲女」として無意識に自分の中に刷り込まれた呪いといってもいいような不器用な価値観。このことに気づくにはわりと長い年月を要しました。長年、生まれもった性格や育ちが、生きにくさを作っているんだと思い込んでいましたが、それだけではなかったのです。

ああ、これは大学時代に培われたものだったんだと。それは「早稲女」としての呪いだったんだと――。たとえば、「自分は優秀なんだ」と思い込もうとしてみたり、男性に大切にされないことを「対等に扱われている証拠ね」と納得してみたり、結婚の縁遠さを「自立心」という言葉に置き換えてみたり……。自分で自分の生き方を息苦しくしていたのです。

いやいや、結婚なんてしなくていいのです。それは個人の選択です。問題なのは、本当はもっとこうありたいというのがありながら、それを無意識に頭の中で押さえつけ、欲しいものを素直に手に入れて幸せを謳歌している人をどこかで見下し、自分自身を不幸にしながら、それにすら気づいていないことなのです。

早稲田に通う全ての女子がそうとは思いません。でももし読者の皆さんのなかに何人かでも私と同じようにある種の生きにくさを感じている人がいるとして、この本を読むことで少しでも肩の力が抜けたり、リフレッシュするきっかけになれば嬉しいです。

そして、この本のミッションはあくまで「逆襲」。早稲女が虐げられる長い歴史は終わりです。これからは女神のような外見に、魅力的な人柄。しなやかな強さとたくましさを秘めた最強の早稲女を目指しましょう！
早稲女のあなたも、そうでないあなたも、自分らしく充実した人生を送れることを
祈りつつ——。

CONTENTS

目次

1

早稲女度チェック

早稲女、早稲女って言うけど一体どういうタイプを言っているの？と気になってきた方も多いはず。

ではここで10の質問に当てはまるかどうかで簡単にあなたの早稲女度がわかるチェックテストをしてみましょう。

誤解しないでいただきたいのは、これは早稲田大学に在籍したことがある女性かどうかを測るテストではなく、**「早稲女」度が高いかどうかのチェック**です。例えば「港区女子」度チェックと言った時に、必ずしも港区在住かどうかが問題ではないのと同じですね（うん！わかりにくい）。

チェック数が多ければ、より世間でイメージされる「早稲女」に近い人柄。当てはまった数が多ければ多いほど、あなたは早稲女を「こじらせてるねぇ～」ということになります。

早稲女度チェックシート

当てはまる項目の数をカウントしてください。

- □男女間の友情は存在すると思う。
- □「女らしくない」と言われて悪い気はしない。
- □酒豪だ。（未成年は「どこでも寝れる」でカウントしてみよう）
- □おごられるのが下手もしくは苦手。
- □お人好しで損をしがち。
- □失敗談は武勇伝として仲間に披露する。
- □ファッションセンスに自信はない。
- □海外旅行ではパッケージツアーではなく、多少リスクでも自由に回りたい。
- □身にまとうものに大金を払うくらいなら、なにか身につくものにお金を使う。
- □女同士のゴチャゴチャに巻き込まれるくらいなら一人でいる。

チェックが0――――早稲女度0％小悪魔な早稲女ちゃん

世間で「魔性の女」「小悪魔」と呼ばれモテるかもしれません。
でも周りの女性にまああま嫌われている可能性が高いです。
これはこれで気をつけましょう。

チェックが1～3――――早稲女度25％清楚系早稲女

育ちが良くおしとやかタイプでしょうか。
早稲田生なら学内では少し浮いているかもしれません。
時にはハメを外すのも楽しいものですよ。

チェックが4～6――――早稲女度50％今風早稲女ガール

見た目にも気を使い中身は強い現代の早稲女タイプです。絶妙の社会性の持ち主。
持ち前の頭の柔らかさを活かしてこのまま自分らしく輝いて生きていきましょう。

チェックが7〜9——早稲女度75％ハードボイルド早稲女

なかなかにハードな早稲女タイプです。仕事に熱を入れるのは良いですが、同窓会でママたちに張り合いキャリア自慢をしないよう少し注意が必要です。

チェックが10——早稲女度100％殿堂入り早稲女

おめでとうございます。昔ながらの早稲女を極めています。
しかし手放しで喜んではいけません。
時にはこだわりを捨てて人の言うことにも耳を傾けてみるといいですよ。
メンタルケアにも気を使いましょう。

いかがだったでしょうか？　なんとなく早稲女のイメージも湧きましたでしょうか。「質問が全然的外れ！」とイライラしているあなた、なかなか良い「ワセジョ」持ってますよ！
次の章ではもう少し具体的に、早稲女に見られる傾向を探っていきましょう。

2 早稲女あるある

この章では、筆者の大学時代の体験に基づく「早稲女あるある」をご紹介します。

また、この本を執筆するにあたり実施した「早稲女アンケート」の結果もあわせてご紹介したいと思います。

あなたは何個当てはまるか、こちらもぜひカウントしてみてください。

ルックス編

□服装は快適さ重視。

大学構内において服のセンスという概念はない。

当時はあまりファッションセンスがよくない子が目立ったような。
もちろん美女もいますが。
（50代、第一文学部）

女子大ほど華やかではない。
（40代、第一文学部）

□メイクは気分でする。というか気分でするかどうか決める。

すっぴんでも普通に学校にいく。
もはや普通すぎてみんなそのことに触れてこない。
（10代、文学部）

□下着の上下が揃っていなくてもそれほどストレスにならない。

□おしゃれにも興味はある。

しかし流行のファッションに手を出して、人とカブるのはちょっと恥ずかしい。

□彼氏と服のコーディネートがカブりがち。

着るものの趣味がどんどん似てくる。パーカーやジャケットを彼氏に借りたりする。

□Hermès イコール「エルメス」だと知ったのは結構大人になってからだ。

ライフスタイル編

□気づくと男子の中に女子一人。

男性7人に女子1人ということがよくあるが、別に普通。（30代、社会科学部）

男子４人と女１人で３泊などの旅行に行った。特に何もなく楽しく観光した。（30代、政治経済学部）

□男の先輩へのあいさつは「おつかれっす」。

先輩は先輩で、早稲女の後輩に限っては「お～青山、おつかれ」など、苗字呼び捨てが基本。

□飲みの場での下ネタは、内心引いてても、とりあえず乗っかる。

□トイレから出てくるのが早い。

鏡をチェックしない。あと人を待たせるのがイヤ。
手ぐらいは洗いますよ、ホホホ。

□とにかくどこにでも座る。

□そしてどこでも寝られる。

酔っ払って西武線のベンチでひとりで休む。
(20代、文学部)

□男子がいても健全な雑魚寝でぐっすり。

□おごられるのに慣れていない。

□ 大学構内に「ここに行けば誰かに会える」スポットがある。

私は「文カフェ」と呼ばれる文学部キャンパスのカフェの屋外席の住人でした。

冬でもなぜか屋外席。ずっといるのでだんだん挨拶する顔見知りが増えていきました。

□ノリで動く。

カフェ（学食）で、偶然あった知り合いに「今から海行くけど来る？」と言われそのまま行った。

（30代、政治経済学部）


就活で仲良くなった数人とノリでインド行った。

（30代、第一文学部）

□酔っ払うとやらかしがち。

酔っ払って、女5人で肩組んで大声で何か（たぶん世の中への不平不満）叫びながら深夜の歌舞伎町を闊歩したりなどしたおぼろげな記憶があります。

（20代、文学部）


サークルの飲み会で酔いつぶれて最後の駅まで行ってしまい、カラオケで一晩明かす。

（20代、法学部）

□うっすらした謎の記憶。

「あれはなんだったんだろう?」という謎メンバー、謎シチュエーションのおぼろげな記憶がある。酒のせいで詳しい経緯は思い出せない。


代々木公園で飲みすぎ、寝落ち。同席していた早稲男(わせお)に見捨てられ、目覚めたら、早稲女2人。近くをなぜか飼いうさぎが飛び回っていた。

(40代、法学部)


飲み会に参加して、気が付いたら他人の家で寝ていた。初対面の人に「出身大学どこ?」って聞かれて「早稲田です」と答えたら「あー、そんな感じ」と言われた。

(40代、政治経済学部)

□いろいろ極端。

授業中にこっそり飲酒した。

(20代、文学部)

韓国アイドル好きが高じて、韓国の政治に興味を持ち、韓国の政治は北朝鮮抜きでは語れないと北朝鮮に一人で旅行に行った友達がいる。
（20代、政治経済学部）

□いろいろ雑。

見かけは良いが本性は雑。
（10代、文学部）

卒業式当日に、単位が足りず卒業できていないことを知った子がいる。
（20代、文学部）

□カバン重すぎ。

本が入っていないと落ち着かない。しかし化粧ポーチはスッカスカ。

□たまに「やっちまえモード」を発動。

多少デンジャラスな香りがすることでも、面白そうだと思うと「やってみちゃえ！」となりがち。

親に言えない怪しげなバイトからおよそ学生がやらないような大冒険までその方向は様々。

□やっぱり男前。

大食いの店でチャレンジして完食した。

（30代、政治経済学部）

サークル活動中、ふざける男子を一喝する早稲女の幹事長。

（30代、文学部）

文キャンのそばのサイゼリヤでワインを飲みすぎて潰れた男を背負って帰った。

（20代、法学部）

□けど、全員がそうってわけじゃない。

社会で活躍できる優秀なタイプと、いい奥さんになる控えめなタイプが混じってるイメージ。（40代、第一文学部）

□恋愛における市場価値は低め。

街コンで敬遠された。（30代、教育学部）

早稲田だとわかると相手の腰がひける。（50代、第一文学部）

居酒屋で隣になった男子グループが合コンの反省会（＝女子のダメだし）をしていた時のコメントが、「だって早稲女だよ？（＝興味ある訳ないじゃん）」。（30代、第一文学部）

（政治経済学部、２０００年代入学）

価値観＆人間関係編

□ **他大の女子とはあまりうまくやれない。**

□ **効率重視。**

無駄なやりとりが延々続くＬＩＮＥグループからはさっさと離脱。

□トークは辛口。

本人の前で言う悪口はＯＫだと思っている。

早稲子「あ、○○ちゃん、髪の毛切ったんだ～」

女子「どうかな？」

早稲子「似合ってるよ。南海キャンディーズの山ちゃんみたい！」

□そのくせ、キレイ目の女同士のドロドロの陰口に引く。

新卒の職場オフィスのロッカーにて。

キラ子「桐山部長って臭いよね。ほんと近くで息しないでほしい～」

モエ子「あ～キモ山でしょ。わかる～。オエってなる～」

早稲子「（え！？　二人ともいつも部長にイチャイチャ話しかけてるじゃん…怖！）」

□サバサバしている。

□ように見えて意外と心は繊細。

割と内面めんどくさい。（30代、教育学部）

□「真面目」と「頑張り屋」が行き過ぎ、メンヘラをたしなむ。

就活も恋愛も全力投球。

中には資格取得やダイエットにのめり込みすぎてしまう人も。


大学に進学するために、受験勉強をしすぎて拒食症になった。入学後治ったが、不眠や摂食障害でなかなか最初のころきつい時期があった。

（40代、政治経済学部）


大学の知り合いに拒食症が2人、境界性2人いた。

（40代、第一文学部）


就活の時に上手くいかず、良い大学に来れたのに社会人になれなかったらどうしようと自分を追い詰めかけた。

（20代、政治経済学部）

□密かな学歴コンプレックスもあったり。

東大にめちゃめちゃ行きたかったけど親から逃げたくて浪人をあきらめた。入学式で早速病みました。3年生くらいでマシになった気がしましたが4年になって院試による学歴ロンダリングに失敗してまた病みました。わりと常に病み続けていますが元気です。

（20代、文学部）

□恋愛における、思い出すと声がでて身悶えるような失敗。

大丈夫。みんなあるある。


狙っている可愛い後輩を酔っぱらわせ、二人きりになり、強引に雰囲気を作った。

（20代、文学部）


大学1年目の夏、誕生日に振られて失恋で3日泣き通した。むしゃくしゃしてホストに行った。

（30代、第一文学部）

□ガサツアピールは時にコンプレックスの裏返し。

「わ〜○○ちゃんカワイー、さすが女子」「いや、私中身男だから」とか言っちゃう。


女子を武器に媚びて戦えばもっと早くて簡単なことを分かっていてもそれでは負けた気がして、いつだって鎧で武装し男女関係なく同じ舞台で戦おうとする。だけど鎧を着けているのは、中身にある自分の弱さや自信のなさを隠したいから。

（20代、政治経済学部）

□もしくはプライド。

早稲女であることにプライドを持っていて、「女らしくなくて……」と卑下しているようで実は「その辺のゆるふわ女子とは違う」という誇りが裏にあると思う。

（20代、法学部）

□突然女子扱いされると戸惑う。

男友達に突然告白されて逃げ帰る。うまいあしらい方が分からない。

□小器用な方だ。

環境によってピエロにも学級委員にもなる。サークルごとに自分のキャラを使い分けていた。（20代、文化構想学部）

□だが生き方は不器用だ。

素朴で真面目。頑張っているけどなかなか洗練されない。（30代、第二文学部）

□つい年齢をバラしてしまう。

その場の女子が誰も歳を明かさない場で「隠すほうがなんか恥ずかしい」と感じ、

つい一人だけ馬鹿正直に年齢を言ってしまう（やめましょう、損だから）。

□**変なヤツに吸い寄せられる瞬間がある。**

↓後で出てくるイグアナのエピソード（146頁）を参照。

□**かたくなでちょっぴりメンドくさい。**

アンケートで「早稲女を大まかに一言で言うと？」という質問への回答で——

大まかに一括りにはできない。（50代、第二文学部）

早稲女を定義する意味がわからない。（50代、第二文学部）

アンケートで「最後に何か一言」という項目への回答では——

アンケート項目、順番、文面を精査していいと思う。（20代、教育学部）

※個人的には、こういう回答もある種の「早稲女っぽさ」を感じます。

□ 他人からすると、些細なことで突然ブチ切れる。

店員がビール瓶を自分（女）の前だけに置いたことでキレる。

「は？　アタシ、お酌係にみえます？」

□ 女性蔑視や差別的な発言は捨て置かない。

早稲女の友人の話。高スペック男子と良い感じになったが、女性を低く見るようなことを言っていたのでＬＩＮＥをブロック。（20代、文学部）

□ 探究心が強い。というかオタク。

サブカル好き。こだわりが強い。こじらせ多め。（30代、第一文学部）

変わった人が多い。私は普通。

（50代、第一文学部）

（と、みんな自分では思っている。）

見た目にはわからないがどこか一部変な人が多い。みんななにかしらのオタク。

（30代、第一文学部）

□自由に生きる。

髪の毛丸刈り。バックパックで宿泊先を予約せずに旅行する。

（30代、政治経済学部）

□お金は「経験」に使う。

長期休みのたびにバックパッカーでヨーロッパやアメリカに一人旅にいっていいた。成人のお祝い50万円もすべてその旅行に費やしていた。女子大生ならバッグやアクセサリーを買っていいただろうに……。

（30代、教育学部）

□早稲女同士は引かれあう。

大きな会社なのに、気付いたらチーム内は早稲女だらけ。類は友を呼ぶのか。謎。

（30代、第一文学部）

□なんとなく早稲女の見分けがつくようになる。

「この人同じ匂いがする」「なんかノリが似ている」と思うと、相手もやっぱり早稲女。

□早稲田が嫌い。

愛校心はありません。（50代、第一文学部）

卒業してまで「早稲女」とか言ってる人、知人や同期にはいません。（20代、教育学部）

□といいつつどっかでやっぱり早稲田が好き。

好きな有名人が早稲田だとちょっとウレシイ。

仲間内では早稲田批判ばかりしてるのに、部外者が早稲田を悪く言うとムッとする。

□ **まあ、最後は自分だよね。**

学校名のブランドよりも、自分自身をブランドにしていけるような人が多い。
（30代、第一文学部）

□ **良い意味で一人で生きていける。**

誰かに頼るというより、自分で解決してのし上がって行くタイプ。
（40代、政治経済学部）

「まだまだ生ぬるい！」という猛者たちの声が聞こえてくるようです。わかりました。皆さんにひとつタグをプレゼントしましょう。#早稲女あるある 世代を超えた皆さんの「あるある」を共有してください。

コラム　トイレが早い女たち

私はトイレがとても早いです。個室の中も早いし、女子トイレから出てくるのも早い。デパートや遊園地で男友達と同じタイミングでトイレに入ると、だいたい同じか、私のほうが早く出る時もあるくらいです。そんな私の体験談、トイレでしょっちゅう遭遇する「カワイコちゃん」の話から。

初めてのオフィスワークの仕事をした時、トイレでよく会うカワイコちゃんがいました。同じフロアの別の部署の子なので名前も業務内容もわかりません。モデルのように整った顔に、雑誌に載ってそうな完璧な清楚系オフィスカジュアルファッション。トイレで会うといつもニコッと微笑んで「お疲れ様です」という感じで小さくお辞儀してくれます。

当時、早稲田大学の中ではおよそ出会ったことのないタイプです。

「うわ！　カワイイ！　良い子！」と私はちょっぴり浮かれつつ、「それにしても本当によく会う。気が合うのかしら？」などと不思議に思っていました。

この「トイレでよく会うカワイコちゃん」の謎が解けたのは、そのあと別の会社に入って、似たようなカワイコちゃんと同じ部署になってからです。ここではカワイコちゃん2号と名付けましょう。

カワイコちゃん2号はおっとりふんわり系美女でルックスは完璧。しかし、なんか全然席にいなくない⁉　驚くほどの「席はずし」の多さよ……。

お気付きの方も多いかもしれませんが、同じ会社のカワイコちゃんにトイレでよく遭遇する理由はただ一つ。

その子のトイレの滞在時間の長さです。

トイレは彼女たちにとっては「お化粧室」。文字通りのメイクルームです。おそらくは1日に何度もトイレにこもっては、メイクを直したり身だしなみチェックをし、完璧なルックスを維持していたのです。

……仕事はそっちのけで。

カワイコちゃん2号の業務スタイルはプラマイゼロ方式でした。席はずしの長さと押し付け気味な業務態度でまわりの派遣女子には嫌われまくり、その一方で、完璧なルックスと甘え上手を武器に、部長、課長を含む男性社員には絶大の支持を得て、ものすごい温度差の中、涼しい顔して働いていました。

　私はというとその子を嫌う以上に、鼻の下を伸ばしきっている優秀な男性社員たちを見て「ああ、男って本当にバカなんだな」と悟りながら、それなりに（テキトーに）一生懸命働いていました。


　早稲女に話を戻しましょう。早稲女が比較的トイレが早い主な理由はおそらく化粧を直さない、身だしなみをチェックしないところにあるんではと思われます。

　私個人の話に戻ると、これに加えて、持ち前の自意識過剰が発動し、長いと人を待たせちゃうんじゃないかとソワソワする（※これは「神田川」のお風呂どっちが先に上がるか問題にもつながります［79頁］）、それと、「ナンバー2」だ思われるんじゃないかとなんとなく焦って、無意識に早く出てしまうというのがあります。

　先日、早稲田と慶應の野球対戦、いわゆる早慶戦に行って早慶両サイドから観戦してきたんですが、なにが一番違っていたと思います？　慶應側の「かわいくても撮影禁止」「お酒よりも野球に酔おう」の張り紙？　いいえ違います。なにを隠そう、女子トイレです。早稲田側応援席の女子トイレはガラガラ、慶應側応援席の女子トイレは鏡の前にカワイコちゃんがぎっしりで、なにやら化粧を直したりおしゃべりしたりある種の社交場と化していました。

いつか、誰をどれだけ待たせようと、トイレくらい自分のペースでゆっくり入れる大人の女になりたいものです。

あ、ちなみに「ナンバー2」は英語で「大」の隠語です。まぁバラすなら最初からそう書けばよかったですが……。

あっ
ぴっ
ぴっ

人生を男に頼る気がない
女子が多い気がします
(政治経済学部、2010年代在
芯がある(多数)
なんだかんだ気が強め
(法学部、2000年代在学)
何事も真剣
(政治経済学部、
2000年代在学)
自立心が強い
(多数)
思いっきりふざけられる
真面目人間
(第一文学部、2000年代在学)
媚びない
(第一文学部、2000年代在学
世話好き
文学部、2000年代在学)
1人行動出来る
(文学部、2010年代在学)

早稲女から見た早稲女

常に何かと戦っている
（文学部、2000年代在学）

早口で
アグレッシブ
（政治経済学部、2000年代在学）

ちょっと
ひねくれている
（第一文学部、
2000年代在学

サバサバしている（多数）

男っぽい（多数）

オープンマインド
（人間科学部、1990年代在学）

雑
（基幹理工学部、
2000年代在学）

甘えベタ
（第一文学部、2000年在学）

男女平等への意識が高い
（政治経済学部、2000年代在学）

3 早稲女の取扱説明書（トリセツ）

早稲女の特徴もつかめてきたところで、このアクの強い特殊な人種をどう扱うとうまくいくのかを解説しましょう。早稲女を彼女に持つ人は必読です！　傾向と対策を摑めば、早稲女も恐るるに足らず！

■基本操作

○まずは褒めてください。

こう言ってはなんですが、彼女たちのポテンシャルは相当高いです。人のために何かしてあげて喜ばれるのも大好きです。根性もあります。足りてないのは承認欲求だけ。

なので、何かしてほしい時は、ひとまず褒めてみましょう。

褒められるとつい嬉しくなって、想像の上をいく素晴らしいアウトプットを差し出してくれます。

○守ってくれなくていいです。ただ、一緒に頑張る相手になってください。

人の将来に乗っかるつもりはありません。なので、お互い自分のことは基本自分でやりましょう。

また、向上心のない相手だと、一人でカラ回っているような気になって落ち込みがちです。

彼女たちには、一緒に突っ走ってくれる「相方」もしくは「戦友」が必要なのです。

■メンテナンス

○意地っ張りとツンデレを理解してください。

「帰れっていわれて帰るような奴は、はよ帰れ！」という映画『ジョゼと虎と魚たち』の名台詞にもある通り、帰れと言われてすぐ帰っちゃダメです。

何か申し出た時、断られても2回は粘ってみてください。（それ以降は本気で断っ

ているので引き下がりましょう）
重いスーパーの袋を持ってる早稲女に
彼氏「持とうか？」
早稲子「あはは、アタシ重いの平気～。トレーニング、トレーニング（笑）」
彼氏「そう？（引き下がる）」
……はい、ダメです。
彼氏「いや、景観が壊れるから（と言って袋を奪う）」くらいのテンションでお願いします。

○意外とよく見ています。

ガサツそうにみえて、意外と細かいところまで見ています。
あなたが可愛い女の子に対してどのくらい態度を変えて接したか。
あなたが店員や清掃員にどんな態度を取るのか。
男友達からどのくらい慕われているのか。彼らとどんな口調で話しているのか。
家柄や将来性より、早稲女にとってはまずは人柄。

普段から人として恥ずかしくない生き方を心がけましょう。

○無理にオゴってくれなくてもいいです。

その代わり、一緒に飲む相手はシビアに選びます。

特に上司の皆さん、ウサ晴らしは、スナックか奥さま相手でお願いします。

さすがにワリカン慣れした早稲女だって、大人になると無駄な時間とお金を使って疲れることはしません。

■取り扱い上の危険

○ところどころ地雷が埋まっています。

差別、偏見、不正、慣習に関わる発言に対して時々必要以上にキレます。

世の中で「あたりまえ」とされることでも早稲女にとっては許しがたいことがあるのです。

100年後の社会でも同じことを「あたりまえ」と言えるか想像してみましょう。

もし男女の立場が逆でも同じ理屈が成り立つのかと考えてみるのも有効な手段です。

○その矛先はあなたとは限りません。

早稲女が「戦闘モード」の度が過ぎて、時にはツレのあなたを引かせることも。

例えば、電車内で人の真横で長々と化粧している女性がいたとします。

そして早稲女のムシの居所が悪い日だったら――。

早稲女、いきなり化粧中の女性の写メをとる。

女性「ちょっと何するんですか！」

早稲子「あ、マナーとか迷惑っていう概念はあるんですね。あはは」

睨み合う女二人。

あなた、双方にドン引き。

えーと、あとで一人で猛反省してるので、水に流してあたたかく見守ってあげてください。

○「恋愛に興味がない」は心の防護壁かもしれません。「結婚に興味がない」は文字通りの時もあります。

何にせよ価値観は人それぞれ。

長く彼氏がいなかろうが、逆にダメ男と長々付き合おうが、まわりのお説教は必要ありません。

■「故障かな?」と思ったら

○実はコンプレックスが多いです。

頑張り過ぎるのはコンプレックスの裏返しです。

「私、最近ダメダメだよね?」などと言われてもトラップに引っかかってはいけません。

日々十分頑張っているので、まわりには、「もっと頑張れ」とは言われたくないのです。

「僕はそのままの君で大好きだよ」(I like you very much just as you are.)

これは映画『ブリジット・ジョーンズの日記』の偏屈弁護士、マーク・ダーシーのセリフですが、こんな感じのことを言われると、多分早稲女は大泣きし、あなたに心を開きます。

ちなみに、「頑張って」より「一緒に頑張ろう？」のほうが断然、早稲女には響きます。

4 こうして早稲女は作られる

早稲田はかなりハッキリした「カラー」を持つ大学ですが、学生たちは一体どのタイミングで「早稲田のカラー」に染まるんでしょう？　そして早稲女たちはいつ早稲女になるのでしょうか？　ここでは**「早稲女はどうやって作られていくのか」**という点について述べてみたいと思います。

まずは昔の話から

明治時代、古き良き創設期の早稲田大学には、その精神を表す３つの言葉がありました。

1．バンカラ

2. 在野精神

3. 反骨精神

まず一つ目、「バンカラ」とは、「ハイカラ」に対するアンチテーゼで、漢字で書くと「蛮カラ」。これは、西洋にかぶれて気取るより、粗野な弊衣破帽でも中身を磨くべきだという姿勢です。「ボンボン」の真逆といったところでしょうか。

そして次に「在野精神」、権力や官位に巻かれず、庶民の側に居続ける姿勢です。

そして「反骨精神」、権勢に容易に屈さぬ気骨を養うこと。

3つをざっくりまとめると、「見てくれとか関係ねぇ！　権力なんか知ったこっちゃねー。俺は俺の道を行くぜ！」というパンクな姿勢です。

しかし、これを本当に貫いちゃうと、「大学」という体制からもはみ出していきます。よってその結果、中退します。

早稲田にはかつて「中退一流、留年二流、卒業三流」という言葉すらありました。「中退してこそ本物。敷かれたレールに乗り、無難に卒業する輩は何するものぞ」という風潮です。

確かに早稲田中退の有名人は他の大学の比ではないくらいで、挙げればキリがないですが、有名どころで行くと森繁久弥さん、堺雅人さん、タモリさんなどが退学組です。中退こそ減った今でも4人に1人は留年するという親泣かせのパンクな大学なのです。ここまでが前提です。

では、「早稲女はいかに作られるか」の本題に入りましょう。もともと願書提出の時点でそれなりにネット検索をして、「この校風は自分に合いそうだな」「こういう雰囲気はムリ」とかいうことはあるでしょう。しかし、みんなが行きたい大学にばかり受かるというわけでもなく、最終的には受かった中で一番良さそうな学校に行くというのが実情です。早稲田に合格して喜ぶのもつかの間、多感な青年たちには入学後様々な洗礼が待ち受けています。

1．早稲田生からの洗礼

2．早稲田文化の洗礼

3．学生街の洗礼

早稲田生からの洗礼

仮に、元々はそれほど早稲女っぽくない女性が早稲田に受かり、入学を決めた場合を例にとってみましょう。

BEFORE

地方都市の女子校出身のユリカ（仮名）。週末は友達同士で買い物したり、それなりにオシャレにも気を使う女の子です。

早稲田大学文学部に入学が決まり上京。入学当初は、東京の大学に出てきた喜びもあり、女子大生っぽい大人なファッションを心がけます。

入学直後の「カワイイ子狙い」の勧誘猛プッシュに負けて演劇サークルに入部しました。「金がない」とサラリと口にできる男の先輩たちは一年中同じ服。

語学クラスでも、ユリカは普通にキレイ目のオシャレをしているだけなのに、周りの小汚さとセンスのなさにクラスでもちょっぴり浮いてしまい、友達はできにくい様子。

サークル活動では、さらなる洗礼を受けます。土足のフロアに座り込んだり、汚い安居酒屋でブランドバッグを油でギトギトの床に置かれたり、スカートなのに、男に混じって大道具の搬入、搬出を手伝わされたり、5㎝のヒールで終電のための猛ダッシュをさせられたり苦行の連続。

ファッションに疎い女の先輩たちには、表では「ユリカちゃん、カワイイ〜。あたしカワイイ女の子大好きだから！」とか謎のサバサバアピールをされつつも、いないところでは「あの子はオシャレに気合入れすぎてて疲れる」とか「ネイルとかずっとしてるの、よくお金持つよね〜」とか陰口を言われたりして、結局可愛がられにくいことに薄々気付き始めます。

早稲田の男性たちにはそれなりにチヤホヤされますが、「ミニスカート履いてるから簡単にヤレそう」といういいいいきちがえた下心をもつ一部の勘違い男子にウンザリするほど言い寄られたりするうちに、だんだんバカらしくなり、どんどん楽なファッショ

AFTER

ン（＝早稲女化）が進んでいきます。そうするとその心地良さにハマります。

このころになってくると、周りとの距離は以前よりずっと近くなっており、ユリカがたまに綺麗な格好をしてくるとまわりはイジるように。はじめはちやほやしていた男子生徒も「一姫（いちひめ）、二女（にじょ）、三婆（さんばば）、四屍（しかばね）」とばかり、学年が上がるごとにユリカの扱いがぞんざいになっていきます。しかし不思議とそれに心地よさを感じるユリカ。早稲田の男たちからするとぞんざいに扱うことが早稲女への敬意。「仲間意識」の表れだからです。できた彼氏も結局早稲田男子。お姫様扱いされることもなく、デートは当然割り勘。そうして卒業の頃には、昔のユリカは見る影もなく、Ｇパンにカットソーのラフな服装をした立派な「早稲女」になっているのです。

なお、**慶應や青山学院大（青学）などに入った場合、これと全く逆の現象が起きます。**

例えば慶應。付属あがりの子たちには入学時点からすでにどことなく「慶應ガール」の風格が。入学当初はオシャレ偏差値が低い子でも、麻布十番、表参道あたりの小洒落たレストランで「異業種交流会」や「ワイン会」といった聞こえのいい合コンに連れて行かれ、自分だけイケてないファッションでいたたまれない思いを繰り返すうちに、見よう見まねでもとりあえず見てくれを整えます。それでなくても、学内には内部進学や家柄のヒエラルキーがあり、これ以上悪目立ちするのは全力で避けたいところ。「同級生たちの圧力」をひしひしと感じながら、自分を磨かざるを得ない状況です。

そのうち合コンでできた社会人の彼氏からクリスマスにもらったバッグやジュエリーで慶應ガールの「武装」は着々とすすみ、さらに3年生になり日吉から三田キャンパスに移ると、そこは港区のオフィス街。就職の準備とばかりに、オフィスに馴染む洗練された大人のスタイルも身につきます。

このように、どんなに冴えない女子であろうと、色々なプレッシャーの中、美しく魅力的で隙のない「慶應ガール」が完成します。

早稲田文化の洗礼

早稲田のカルチャーやイベントも「早稲女化」には欠かせない要素です。いくつか特徴的なものをご紹介しましょう。

○「100キロハイク」

説明しよう！「１００キロハイク」（早稲田精神高揚会主催）とは、埼玉県の本庄（埼玉って言ってるけどほぼ群馬）から早稲田の本キャン大隈講堂まで約１００キロを二日間かけて歩く毎年恒例のイベントです。参加人数は１５００人ほど。しかも半数くらいが仮装で参加（徐々に脱皮していく）。途中休憩地点の入間体育館はまさにカオス。足はマメだらけ、爪は剝がれて血まみれ。友達には見捨てられ、だんだん精神修行みたいになっていき、最後見慣れた街に戻り高田馬場から早稲田までの「馬場歩き」をする頃には、泣けてきて泣けてきて早稲田ラブが最高潮に高まります。

なぜこんなことをするのかって？　意味なんてありません。くだらないことを全力でやるのが早稲田の美学だからです。そしてここで早稲女は「人生は痛くても自分の足で歩くか、置いていかれるかのどちらかだ」ということを学ぶのでした。

◯演劇、映像、お笑い文化

早稲田には演劇、映像、お笑いサークルが星の数ほどあります。特に演劇については大学側でも坪内博士記念演劇博物館、早稲田小劇場どらま館など、「演劇の早稲田」を復活すべく活動へのサポートが手厚いです。お笑いも盛んでイベントによる他校との交流も活発。あとは音楽・バンドサークルも充実です。「何かを作りたい！」「自己表現がしたい！」という気持ちに応えてくれる環境な分、お金もエネルギーもそちらに注ぎ込みがちに。身だしなみ、学問、就活などは、やる気が起きずテキトーになってしまう「アウトロー早稲女」もこの界隈に生息します。

◯特殊な部活・サークルの数々

近年ロシア政府は、とある山に「ワセダ山」と名付けました。そのきっかけとなった未踏峰登頂の偉業を成し遂げたガチ中のガチ、「早稲田大学探検部」をはじめ、早稲田には長い伝統を誇る「部」が多数あります。さらには、珍しい技術が習得できるレアサークルから、実態があるのかないのかわからない怪しげなサークルまで無数のサークルに囲まれ、早稲女の強烈な個性は磨かれます。「早稲田大学フラッシュモ部」（文字通りフラッシュモブをやる部）、「SHOCKERS」（男子のみのチアリーディングチーム）、「早稲田大学バンザイ同盟」、「所沢キャンパスを高田馬場に近づける会」などなど。

サークルは基本的にどこもオープンで男女平等。今では飲み会で早稲女だけ別料金なんてこともありません。風通しがいいところが多いです。とはいえ次のような意見も。

早稲田生なのに早稲女が入れない（他大の女子しか入れない）サークルがあるのは不公平だと思う。
（政治経済学部、2010年代在学）

入学式当日、大量に撒かれる新勧のビラがどんどん手にたまって行く中、派手な男性から引きとめられ一言「君、どこ大？」「（いや早稲田の入学式だし）早稲田ですけど」と答えると「じゃあいいです」となんとビラを回収される扱いに唖然。

（政治経済学部、2000年代在学）

一部のサークルでは早稲田のサークルなのに「早稲女ご遠慮ください」という雰囲気があるようです。そういうところは、基本ナンパ目的のクズしかいないので、賢明な早稲女の皆さんは即刻立ち去りましょう（二度と問題起こすんじゃねぇぞ！　バカタレどもが！　あっ、失礼）。

◯早稲田祭

一時期開催中止となっていた早稲田祭は、また昔とは違った雰囲気で復活となりました。

大学の文化祭といえば華はミスコン。慶應の「三田祭」はメディアも注目するミスター＆ミス慶應に熾烈な火花を散らす一方、早稲田には「王」がいるらしいです。何、王って……。早稲田祭で最近注目の「早稲田王決定戦」（企画サークル便利舎プレゼンツ）です。見てくれの格好良さが問題ではなく、「早稲田愛はあるか」「王たる器はあるか」「漢かどうか」を問うコンテストなのです。

というわけで、ある年ではミールワームを食わされたり、頭で瓦を割って髪の毛

早稲田祭

に墨をつけて文字を書いたりと、様々な代償を払ってその称号を手に入れるんです（それにしても、安全面だけ本当に気をつけて～）。早稲女の皆さんにも是非チャレンジしていただきたい（え、女性も参加できますよね？）。早稲田の男たちを蹴散らし「王」の称号をつかみ取り、ネットニュースを沸かせていただきたいものです。

○「早慶戦」

とある早稲田男子（２０００年代卒）に言わせると「春の早慶戦（野球）が個人的には最大の文化洗礼だった」とのこと。前日夜や早朝から酒盛りしながら並び始め、観客席では一升瓶を片手に肩を組みあらゆる応援歌を熱唱。得点が入った時に歌う『紺碧の空』はじつに爽快だったそうです。試合後は夜の歌舞伎町のコマ劇前で荒れ狂い、早稲田が六大学優勝したなら神宮球場から早稲田まで凱旋パレード。オープンカーの選手たちに続く提灯行列。道歩く人や沿道の住民の祝福を受け、校歌を

応援グッズ。タオルとハリセン

歌い意気揚々と進む学生たちの一体感たるや。

男子生徒のみならず、かつての早稲女たちもここで早稲田の「ノリ」と「仲間意識」を身につけてきました。

※現在は学生席での飲酒は禁止。徹夜待ちも地域にご迷惑がかかるので今では禁止事項です。パレードも交通事情により規模縮小。昔は昔でいい時代だったってことですかね……

早慶戦

○「クマ飲み」

早稲田大学のイラストを書けと言われると10人中9人は書くであろう、あの王冠を抱いたような時計塔。あれが早稲田のシンボル、大隈講堂です。そして大隈講堂前の広場（といってもただの石畳の空間）で飲むのを「大隈講堂飲み」。略して「クマ飲み」と言います。夏は暑くて、冬はクソ寒い。決して快適な環境ではないのですが、安さと集まりやすさが魅力の飲み会です。「12耐」とか言って12時間耐久飲み会をやるツワモノもいるようです。早稲女はそんな劣悪な環境で、「学注コール」などやらされているうち、「服装は楽で快適なのが一番」「羞恥心は捨てたほうが楽」ということを覚えていきます。

※近隣の住民にご迷惑がかかるとのことで、なんと今ではクマ飲み禁止になっているとか……。

学生街の洗礼

早稲田のキャンパスがあるのは「都の西北」、つまり高田馬場駅から山手線の円の内側に一駅分入った早稲田エリア。高層ビルが立ち並ぶ「花の都大東京」のイメージとはかけ離れた学生街です。インスタ映えに繋がるようなオシャレなスポットは皆無。界隈には、昭和の風情が感じられる古本屋や、安居酒屋、雀荘と「**三品食堂**」「**メルシー**」など昔から学生に愛されてきた食堂などが立ち並びます。中でも「**キッチン南海**」「**キッチンオトボケ**」「**ワセベン**」こと「わせだの弁当屋」は、油ギトギトだけど安くて中毒になる「**早稲田の3大油田**」と称されています。油つながりで行くと「油そば」屋とついでにカレー屋の充実も半端ない。

そんな学生街で、可愛いカフェやおしゃれなワインバルに行く代わりに、安すぎてなんか怖い系の居酒屋や「サイゼリヤ飲み」などに連れて行かれ、下町風情溢れる早稲女ができ上がります。

余談ですが、早稲田も結構様変わりしていっており、「**メーヤウ**」早稲田店（２０１７年３月～閉店中）、カツ丼の「**三朝庵**」（２０１８年７月閉店）、早稲男の御用達**US VANVAN（ユーエス・バンバン）高田馬場店**（２０１０年閉店）、「**鳩屋敷**」（火事で消失）、竹下・海部元首相たちも常連だった「**名曲喫茶・らんぶる**」（廃墟が残っていたが、２０１３年解体）など消えゆく青春の風景もありました。「**まほうつかいのでし**」は江古田で復活、「**早稲田松竹**」は２００２年に休館となりましたが、早稲田生のラブコールに応え復活（上映は二本立てですが、途中外出ＯＫなので、都合に合わせて使えます）。

この情報も割と早いペースで変わっていくことと思われます。現役生の皆さん、なくなって欲しくない店は時々足を運んであげてください。

早稲女から見た早稲男

自分の好きなことを
とことん追求する
（教育学部、2000年代在学）

自由人。
ぶりっ子好き。
（第一文学部、
2000年代在学）

基本、優しい
（多数）

野心家
（第一文学部、
2000年代在学）

友情に厚く、信頼できる。
そして馬鹿話が得意
（法学部、1990年代在学）

多数）

曲がったことは好まない。
男女関係なく、相手の意思を尊重できる
（文学部、2010年代在学）

サラリーマンで収まらない人が多いかも
（第二文学部、1990年代在学）

男子中学生のまま
18歳になった感じの人が多い
（第二文学部、2000年代在学）

人間的にバランスとれた人が多い
（第一文学部、1990年代在学）

無駄にカッコつけた奴が少ないです
(政治経済学部、2010年代在学)
おしゃれではない。でもそれ故に
心が許せて仲良くなれる
(法学部、2000年代在学)
女子と違って繊細
(文学部、2010年代在学)
メガネの真面目くんから
ホストで働くチャラ男までまさに十人十色
(国際教養学部、2010年代在学)
変わり者
ケチ。
見栄より小銭を取る
タイプが多かった
(第一文学部、1990年代在学)
クズが多いと思います
(教育学部、2000年代在学)
集団行動を好む
(教育学部、2010年代在学)

5 早稲女の恋愛・結婚事情

この章では、早稲女ならではの恋愛・結婚傾向を紹介したいと思います。まず、交際人数を聞いた早稲女へのアンケートではこんな回答も。

とはいえ「交際」とはなんなのか。（2000年代在学、第二文学部）

交際があるようなないような、なのでノーコメント。（1980年代在学、第一文学部）

「交際」の定義については、国際教養学部、森川友義教授の『恋愛学入門』で質問していただくとして、早稲女の恋愛について詳しく見ていきましょう。

とりあえず早稲田の男と付き合う

早稲田の男子は結構大学の外でもモテるようで、それほど苦労せず彼女ができます。近くの女子大、高校の同級生やバイト先の子などそのラインナップは様々。しかし一方の早稲女はというと、軒並み一旦は早稲田男子と付き合う傾向です。

早稲田の男子と付き合ったことがある――73%

新歓で8年生の先輩に口説かれて付き合った。
（映画系サークル、2000年代在学）

そんな早稲女にとって、早稲田男子の魅力はなんなのでしょう？

アンケート回答では、次のような意見も。

女子に女子らしさを求める人が少ない。（文学部、2010年代在学）

先輩との飲み会で、食べ物の取り分け役をしたら、「そんなことしなくていい」と注意された。（第二文学部、2000年代在学）

男女差別が横行してた時代でも、早稲田の男達だけは早稲女を当たり前のように対等に扱ってくれていたというコメントもありました。私の友達の早稲田男子は、他大の女性と結婚し、相手の苗字に変えました。相手の家柄が上だからということでもなく、単に相手の希望に合わせたという感じでした。早稲田の男子たちのリベラルさがうかがえます。

『神田川』と『ノルウェイの森』

『神田川』という歌があります。1970年代に南こうせつさんが歌って大ヒットした曲で、若い世代の人でも曲を聴けばおそらく「ああ、これね」となる有名な曲です。男女が学生時代、神田川沿いで同棲していた頃を回顧するような恋の歌です。まずは一番の歌詞を見てみましょう——。

『神田川』(1973年)
作詞　喜多條忠
作曲　南こうせつ
歌　南こうせつとかぐや姫

貴方はもう忘れたかしら
赤い手ぬぐい　マフラーにして

二人で行った 横丁の風呂屋
一緒に出ようねって言ったのに
いつも私が待たされた
洗い髪が芯まで冷えて
小さな石鹸 カタカタ鳴った
貴方は私の身体を抱いて
冷たいねって言ったのよ
若かったあの頃 何も恐くなかった
ただ貴方の優しさが 恐かった

私が初めてこの歌を聴いたときの感想は、まさに**「うわー、なんか早稲女っぽい！」**でした。

銭湯行って男より早いってどういう女!? そしていつも寒い中待たされているのに「ただあなたの優しさが怖かった」って……。どういうメンタル？ この雰囲気、昔、早稲田でよく見たぞ……？

さて、この『神田川』ですが、調べてみると本当に早稲田カップルの歌でした。作詞家の喜多條忠(きたじょうまこと)さんは早稲田中退。学生時代、とある早稲女と神田川沿いで同棲していた時の回想で作ったそうです。

ちなみにこの歌ができたのは「浅間山荘事件」(1972年)の翌年です。1960年代は、革命を信じて若者たちがヘルメットに覆面姿でバリケードを築き、機動隊に火炎ビンや石を投げつけ学生闘争を繰り広げていました。1970年前半になると事態は収束に向かいますが、その残煙はくすぶり続けていました。

そしてそんな時代に、早稲田には「あの人」が在籍していました。村上春樹さんです。

村上春樹さんは早稲田大学1968年入学。第一文学部の演劇科に在籍しました。村上さんの『**ノルウェイの森**』については、私が説明するまでもないと思いますが、一応簡単に言うと、主人公ワタナベ青年が大学時代を通して、大切な人を失ったり新たな人と出会ったりしながら成長していく、といった内容です(え？　全然ちがう？)。主人公がする体験の土台として、村上さんの早稲田大学時代を思わせるような記述があちこちに見られます。

そして、小説に出てくる大学の同じ専攻の「ミドリ」という女子が、非常に早稲女っぽい。セクトの男たちに強制的に作ってこさせられたおにぎりの具に文句をつけられイラついたり、髪の毛をベリーショートにして強制収容所と揶揄されたり、ベランダで火事を眺めながらビール片手にギターの弾き語りをしたり。**リアリティある早稲女風キャラ**がとても生き生きと描かれています。

一方のワタナベ君は早稲田ではあまり見ないタイプ。学生闘争に参加している学生の矛盾した行動に反発する主人公は、どちらかというと、お調子者の早稲田生と一線を引こうと決めて生きているタイプです。作者の視点が少なからず投影されているとするなら、これは村上春樹さんという人間の人格が大学入学前からでき上がっていて、ジワジワと染み寄る早稲田カラーに一切染まらず、傍観に徹したからではないかと思います。あくまで個人的な想像ですが。

そしてお待たせしました。もはや薄々お気づきのことと思いますが、村上春樹さんの奥さまも早稲田出身です。

学生運動に明け暮れる周りの雑音に惑わされることなく、学生結婚をして二人で実家に住んでお金を貯め国分寺にジャズ喫茶を開業します。

村上さんは7年かけて早稲田を卒業。29歳の時に神宮球場で小説を書くことを思いつき、小説を書き始め、さらに小説を書くためにギリシアに二人で渡ります。

ある意味、破天荒な生き方です。将来の確約もない一人の青年に、この人生の選択を許す女性は、果たして世間にどのくらいいるのでしょう？ 皆さんならどうしますか？

早稲女の「結婚」は選択肢の一つ

卒業生の22％が早稲田生と結婚。

※アンケート質問への有効回答者59人中13人が早稲田生と結婚。

大学時代に付き合っていた彼氏と破局したが、数年後偶然再会し、結局他に気があう男性がいなくてその元彼と結婚した。（30代、教育学部）

この割合が多いのか少ないのかはわかりかねますが、早稲田同士のカップルは一定数いるようです。その後の人生もわりとお互いのびのびやってけそうな気がしますね。ぶつかる時はお互い激しそうですが。

20年近く前、『Wの悲劇「早稲女魂」ゆえに結婚できない人たち』という記事が『AERA』に載りました。要は「早稲女は結婚できないし、する気もあまりない」という内容でした。

その中に**俵万智**さん（第一文学部卒）へのインタビュー記事が掲載されています。「行き遅れるというニュアンスの感情は私の世代はほとんど持たないと思う」という俵さん。何度かプロポーズを受けても「あなたが嫌いだからじゃなくて、結婚にそう興味がないの」と断ったといいます。

確かに早稲女は他の大卒女性に比べても結婚率が低いほうかもしれません。なぜなら、誰かに幸せにしてもらおうという願望が薄く、むしろ「自分らしい生き方」へのこだわりが強すぎるからです。結婚という制度への不信感もあるかもしれません。苗字が変わることへの抵抗も強いです。周りも結婚していない人が多いので、焦りもありません。

早稲女友達みんな独身
（30代、第一文学部）

いずれにせよ、既存の型にはまらない考え方の人が多いです。ノリで学生結婚しちゃう人、苗字が変わるのに耐えられず生涯結婚を選択しない人など様々です。さらにはこんな意見も。

甘えベタかつ優しくされると断るのが苦手な早稲女が多く不倫が多い印象。
（30代、第一文学部）

確かに昔は「やっちまえ精神」の一環で不倫も多そうですね。今のご時世ではさすがにあんまりいなさそうですが……。

結婚が人生のゴールでないとするなら、早稲女が目指すべき「幸せなゴール」とは何なのでしょう？

早稲田の同窓生おふたりが卒業後60年来の交流を経て対談された本があります。元トップアナウンサーで作家の**下重暁子**さんと、芥川賞作家の**黒田夏子**さんの『**群れない媚びないこうやって生きてきた**』（海竜社 ２０１４年）。タイトルからしてもう早稲女の「生き方指南書」という感じですが。この本の中で、結婚と人生について考えさせられる箇所があったのでご紹介します。

「何かを選ぶことは、何かを捨てること。自分で選んだことが自分を支える」という章でパートナーの呼び方について取り上げています。お二人とも「主人」という言葉は嫌いだそうです。「連れ合い」という言葉がしっくりくる。連れ合ってるから対等で、どちらかが主というわけではないというわけです。

下重さんは既婚ですが、選択の余地がない夫婦同姓に反対しており、死ぬ前には戸籍を戻し「下重暁子」として死にたいと思っているそうです。一方の黒田さんは結婚を一度も考えたことがないと言います。一生物を書いていこうと思ったから、それ以外にエネルギーを費やすことは考えなかったそうです（『女性自身』２０１３年2月のインタビュー記事より）。

「人に期待するヒマがあったら自分に期待したほうがよっぽどいい」。この辺に**早稲女の「幸せなゴール」のヒント**を感じますね。また、いくつになっても語り合える女友達がいる点は、長い人生を楽しく生きる秘訣なのかもしれません。

完全な蛇足ではありますが、２０１８年現在、芥川賞の最年少受賞は**綿矢りさ**さん（19歳11カ月）、最高齢受賞者は**黒田夏子**さん（75歳9カ月）。お二人とも早稲女です。

6 早稲女の大先輩の場合

さて、ここらで早稲女の具体的な生き様を見てみましょう。無数にいる中から勝手に一人フィーチャーするのはなかなか勇気がいりますが、誰もが知っている人気の女優さんを選んでみました。

室井滋（1958年、富山県生まれ）
女優、ナレーター、エッセイスト、歌手。
早稲田在籍期間：70年代後半～80年代前半（社会科学部中退）

エネルギッシュで多才な個性派女優の室井滋さん、大学時代も、卒業後も「ザッツ早稲女」な生き方をしています。

早稲田シネマ研究会に所属し、7年間の早稲田大学在学中に約80本の自主映画に出演し「自主映画の女王」の異名をとります。20歳の頃、村上春樹原作『風の歌を聴け』で商業映画デビュー。その後女優としてキネ旬ベストテンや日本アカデミー賞、ブルーリボン賞など様々な賞を受賞します。

ご存知の方も多いと思いますが、室井滋さんはエッセイストとしても高い評価を受けています。彼女のエッセイ『東京バカッ花』（マガジンハウス、1994年）という一冊で早稲田時代に憧れていた早稲田の先輩の思い出を語ってくれています。これはもう、室井さんがというより、その相手の男がいかにも早稲田にいそうなタイプで、**「こうして早稲女は作られる」の典型**なのでご紹介します。

大学一年の頃、室井さんは当時四年生の先輩に淡い恋心を抱いていました。早稲田大学の校風はどこかアウトローさが評価されるところがあり、昔は留年、中退もさして珍しくありませんでした。エキセントリックな風貌で、授業をサボり昼間から安居酒屋に入り浸っては文学論や演劇を語る破天荒タイプ（昔はよくいたんですって！）。そして早稲田女は一度はこのテに惹かれるものです。室井さんも先輩の語りの面白さに気を取られ、年齢不詳でバンカラな風貌も気にならないくらいでした。

ある日、その先輩が室井さんを焼肉に誘います。自分の就職の内定が決まったからお祝いとのこと。永遠の学生のようなあの先輩でも就職するんだと驚きつつ、喜び舞い上がって出かけます。

大隈講堂前で待ち合わせ、バスで新宿靖国通り沿いの焼肉屋へ。７フロア全てを占める大型焼肉チェーンの『ランチサービス焼肉食い放題９８０円』。煙がもうもうと立ちこめ、ジュージュー響き渡る音に会話もままならず、他の客同様、血走った目でひたすら肉をセッセと食べ続ける先輩。

「今日は俺のオゴリだからたくさん食えよ！」と勧められるままつられて一生懸命肉を食べる室井さん――。

さて、先輩がお会計の札を店員さんに渡そうとすると、「お会計は１階になります」とのこと。

二人はエレベーターで一階まで下りると、そこは入り口の外。目の前には道。

すると先輩は入り口に戻ろうとする彼女の手をガッと掴み、「ムロイ！　来い！」

と走りだしました。

はい、食い逃げです。

「先輩、私、お金あったのに……」と戸惑っている室井さんに、先輩は悪びれず「これは俺のおごりだから、お前は関係ないよ」の一点張り。

しばらくの押し問答の後「忘れろ！」と一蹴したそうです。


さてさて、時代背景や若さもあるのでこの際、食い逃げの犯罪性についてはひとまず置いておきましょう。

ここで注目すべきは、早稲田の女子が早稲田の男にどう扱われているのか、という点です。

この年齢不詳の早稲田男子、年の功で人生経験は豊富なはず。

しかし、この先輩。後輩の女子を食事に誘うも、連れていくのは激安食べ放題の焼肉。オゴると言いつつ払わない。スキあらばやんちゃな悪事にも平気で巻き込んでしまうその神経。

およそ「女性を連れている」とか「いいところを見せたい」という意識はなく、社会常識やモラルは子供並み。もはや室井さんは彼にとって同じ釜の飯を食らい一緒にやんちゃをする「ツレ」なのです。

後輩の女性にこんな扱いをする男は早稲田以外にあまりいないのではないのかと思います。

その後の室井さんの生き方について少し触れましょう。

室井さんは大学を7年かけて女優業を軌道に乗せ中退します。週刊誌を信じるなら、ある映画監督と同棲生活をはじめ20年以上になります。しかし結婚はしていません。一説によると、苗字が変わるのが嫌なので結婚しないとのこと。非常に早稲女らしい生き方だと思います。結婚しようがしまいが、結局どこかで独立採算の一匹狼気質が残っているのかもしれません。

瑣末なお話ですが、室井さんは大学時代、シンセサイザー欲しさに10日間だけホステスのアルバイトをしたことがあるそうです。前述で、早稲女の特徴に「やっちまえモードを発動する」というのをあげました。由緒ある家柄のお嬢様なら経歴に傷がつくリスクを考え避けるようなことでも、早稲田の女性たちは（というか男性もだけど）とりあえずやってみます。例えば、危ない国のバックパックの旅行、うさん臭いアルバイト、怪しげな異性との交際などなど、なんか面白そう、いい経験になりそう、ネタになりそうと思うと、やってみずにはいられないのです。

この「やっちまえ」スピリットに「お調子者」スペクトラムが交差し度を過ぎると、残念な「やらかしちゃった」に発展します。

時々いますね、やらかしちゃって警察のお世話になったりメディアに大騒ぎされてる早稲田出身の人。

私も黒いほうの早稲田卒業生リストに載らないように重々気をつけます、はい。

7 学部別の特徴

ここで少し基本情報として早稲田の各学部の紹介をします。早稲女の勢力分布図の目安として「男女比」をざっくり入れてみました。アンケートの回答と『早稲田と慶應の研究』（小学館新書 2018年）などを参考にしています。

また、中退も含む早稲田にゆかりがある有名人も見てみましょう。学部別に見ていくと、政経出身者のその後の職業が様々だったり、教育学部に意外と作家が多かったり、興味深いところがありました。

（※敬称略。選出にナゾの偏りがありますがご容赦ください。なお順番は何順でもありません。）

■早稲田キャンパス

本部キャンパス、略して「本キャン」。

◯政治経済学部（男女比7：3）

……卒業生には政治家や経営者を多数有する早稲田の看板学部。エリート意識若干高め。東大不合格で入ってくる人も多いので、中には隠れ学歴コンプレックスも。

▼この人も学んだ：**江川紹子**（ジャーナリスト）、**山村紅葉**（女優）、**市川紗椰**（タレント）、**江戸川乱歩**（小説家）、**野田佳彦**（元首相）、**姜尚中**（政治学者）、**露木茂**（アナウンサー）、**久米宏**（アナウンサー）、**筑紫哲也**（ジャーナリスト）、**羽鳥慎一**（アナウンサー）、**乙武洋匡**（ジャーナリスト）、**橋下徹**（弁護士）、**鎌田敏夫**（脚本家）、**和田竜**（小説家）、**岡田武史**（元サッカー日本代表監督）、**出井伸之**（元ソニー社長）、**柳井正**（ユニクロ創業者）、**亀山千広**（元フジテレビ社長）、**内野聖陽**（俳優）、**波岡**

一喜（俳優）、竹内まなぶ（お笑い芸人／カミナリ）

女性のほうが真面目に授業に出席している人が多かったのでテストの日になると毎回教室に男性の比率が3～4倍くらいに増えていた。

（政治経済学部、2000年代在学）


まともにやっていればエリートなのに、何か変なことに興味をもってしまい、人生が波瀾万丈になる人も多い。

（政治経済学部、1990年代在学）


男が圧倒的に多い。政経学部は討論好き、飲み会好き。飲み会では男女酒を片手に同志のように語り合う。

（政治経済学部、2000年代在学）

○法学部（男女比7：3）

……同じく看板学部。出席はあまり取らない授業が多い。学科分けはなく1、2年は必修が多い。法曹界を目指す人や公務員試験志望者の満足できるカリキュラムとの評判。

▼この人も学んだ：**稲田朋美**（政治家）、**海部俊樹**（元首相）、**弘兼憲史**（漫画家）、**鴻上尚史**（劇作家）、**秦建日子**（脚本家）、**菅原文太**（俳優）、**いとうせいこう**（タレント）、**宇多丸**（ミュージシャン）、**軽部真一**（アナウンサー）、**北村晴男**（弁護士）

圧倒的に男子が多く、当時は校舎も古かったため、一般的な早稲田のイメージ＝無骨そのものでした。

（法学部、１９９０年代在学）


地味でオタク気質だが権利意識とエリート意識はひときわ強い。女性は保守的でキャリア志向が強めな傾向。

（法学部、２０００年代在学）

○教育学部（男女比6：4）

……キャンパスの奥にあるのでちょっと隔離感があるため「早稲田のチベット」と呼ばれる。

▼この人も学んだ：**広末涼子**（女優）、**恩田陸**（小説家）、**綿矢りさ**（小説家）、**荒川静香**（元フィギュアスケート選手）、**村主章枝**（元フィギュアスケート選手）、**吉川美代子**（アナウンサー）、**寺山修司**（劇作家）、**重松清**（小説家）、**上田晋也**（お笑い芸人／くりぃむしちゅー）、**小島よしお**（お笑い芸人）、**山田太一**（脚本家）、**斉木しげる**（タレント／シティボーイズ）、**斎藤佑樹**（プロ野球選手）、**尾木直樹**（教育評論家）

噂通りのチベットだった。ただ友達は沢山できて楽しい。（教育学部、2010年代在学）

教員免許とる派は特に真面目。とらない派はサブカル臭が出てくる。

（教育学部、2000年代在学）


なんとなく大学生になった学生が多い。教師になりたいと思って入学した生徒はマジで少ないと思う。推薦やAO入試の人が多く、地頭が良いタイプというよりは、学校の成績をコツコツ頑張ってあげるタイプが意外と多いなと思いました。

（教育学部、2000年代在学）


なじみやすい。男女半々で、和気あいあいとした雰囲気！　暗くもなく派手でもなく、いい意味で普通！

（教育学部、2000年代在学）

○商学部（男女比7：3）

……石田純一さんも在籍していた商学部は「チャラさ」が文化。早稲田の中では入りやすめの偏差値もあいまって「バカ商」「チャラ商」と自虐的に名乗ったりするが意外と政治家なども輩出している立派な学部。レポートは少ないが春と秋のセメスター制（2学期制）でわりと忙しい。数学は必修で、公認会計士や税理士の資格試験を目指す堅実派も多い。

▼この人も学んだ：**田中眞紀子**（政治家）、**馬場典子**（アナウンサー）、**竹下登**（元首相）、**森喜朗**（元首相）、**青島幸男**（タレント、元都知事）、**笠井信輔**（アナウンサー）、**貫井徳郎**（小説家）、**釜本邦茂**（元サッカー選手）、**森繁久彌**（俳優）、**佐藤B作**（俳優）

○社会科学部（男女比7：3）

……「社会学」ではなく政治、経済、法、商、人文科学、語学などを横断的に学ぶ。「夜学」と「何を学ぶのか謎」という理由で人気は低めだったが、2009年に昼間学部になったのと、世の「総合学部人気」のトレンドで一気に人気の学部へ。

▼この人も学んだ：**室井滋**（女優）、**デーモン閣下**（タレント）、**小室哲哉**（ミュージシャン）、**津田大介**（ジャーナリスト）、**与沢翼**（投資家）なんだか「クセがすごい」ラインナップですな（笑）。

夕方以降の授業はどんより暗い感じ。活気のない一方方向の授業。男性多数、ゼミでも女性は１～２人。配慮はされていたが、距離がある感じ。

（社会科学部、１９８０年代在学）


夜間学部だったので授業も落ち着いていて、穏やかな人が多かった気がします。男女比は出席している人数だと男性が多かったので在籍数もだと思います。

（社会科学部、１９９０年代在学）

○国際教養学部（旧国際部）（男女比４：６）

……授業は基本全て英語。帰国が多く、早稲田生の読者モデルの大半はこの学部。「恋愛学入門」など女子に人気の講座も。

ウェイ（＝チャラ系）が多い印象だけど、真面目な子もけっこういる。女子は皆おしゃれ。男子は少数派なこともありわりとおとなしい。

（国際教養学部、2010年代在学）

■戸山キャンパス

別称「文キャン」。女子の多さから「戸山（文化）女子大」（↓「文科」と掛けてるんですかね）とも言われる。入口の門から続く長いスロープが特徴。さらに2018年、記念会堂跡地には緑あふれる立派なスロープ（やや「施設」感強め）ができていた。

○文学部（男女比4：6）

……語学系、歴史系のコースが多数。文化構想学部との共通科目も多くいろいろ取れる。

○文化構想（男女比４：６）

……第二文学部の名残で昼からのクラスが多い。

旧・第一文学部（一文）、第二文学部（二文）。二文はかつて社会科学部と同様夜学で「なんの学問か不明」な感じから昔は一文より若干下に見られていた。しかし、学際的・横断的に学べる学部の人気やメディア系の強み、学部名称変更で昼の学部になったことで人気急上昇。

▼この人も学んだ（一文）：**角田光代**（小説家）、**小川洋子**（小説家）、**三浦しをん**（小説家）、**俵万智**（歌人）、**西川美和**（映画監督）、**北川悦吏子**（脚本家）、**八木亜希子**（アナウンサー）、**皆藤愛子**（タレント）、**山崎ケイ**（お笑い芸人／相席スタート）、**小渕恵三**（元首相）、**田原総一朗**（ジャーナリスト）、**村上春樹**（小説家）、**北村薫**（小説家）、**是枝裕和**（映画監督）、**吉田大八**（映画監督）、**長塚京三**（俳優）、**二代目 松本白鸚**（九代目 松本幸四郎／歌舞伎役者）、**堺雅人**（俳優）、**ラサール石井**（タレント）、**堀井雄二**（ゲームデザイナー）

▼この人も学んだ（二文）：**吉永小百合**（女優）、**橋田壽賀子**（脚本家）、**箕輪はるか**（お笑いタレント／ハリセンボン）、**えらけいこ**（漫画家）、**日渡早紀**（漫画家）、**タモリ**（タレント）、**風間杜夫**（俳優）、**北大路欣也**（俳優）、**加藤一二三**（棋士）

▼この人も学んだ（文化構想）：**朝井リョウ**（小説家）

暗い人、ネガティブな人、明るいメンヘラ、プライドの高い童貞、真面目すぎる社会人、そこに入ってしまった普通の人など、多様な人間の集まりでした。

（第二文学部、2000年代在学）

華やかというよりはにぎやかという感じ。モデルの子もいれば、全身毎日黒服の女性や髪の毛が虹色の女性がいたり、ロリータがいたり、男性においてはオタク系の服装でメガネシャツインにスポーツ刈りが2割、その他ゲタを履いていたり、着物着てたり、全体的に他校と比較してかなり自由度が高く、田舎者でも馴染みやすく受け入れやすく群れずに生きていける。

（第一文学部、2000年代在学）

女の子の比率は高めですが、派手な子はあまりおらず、男女合わせてサブカル的雰囲気、またはまじめそうな子が多い雰囲気。

（文学部、2000年代在学）


ぼっちとひきこもりの楽園。もちろん華やかに過ごしている人たちもいただろうけれど。ある年の夏休み明けに文カフェに行ったら、4人がけのテーブルが減ってお一人様用カウンター席が増えていたのは面白かった。屋根のある廊下でつながっていたので、外気に弱い本の虫たちにも優しかった思い出。

（文学部、2000年代在学）

■西早稲田キャンパス

かつての「大久保キャンパス」。別称「リコキャン」。理工系の学部のみなので「大久保工科大学」とも言われる。

○基幹理工、創造理工、先進理工（※旧理工学部）（男女比８：２）

……『東洋経済』２０１５年の情報によると創造理工が早慶ＭＡＲＣＨの中での「就職最強学部」らしい。男女比は学部や学科によりかなり偏る。化学系では女子もそれなりにいるが、物理系での女子出現率はメタルスライム並みとか。建築、応用化学、総合機械工学は「三獄」（または３Ｋ）とよばれ、レポートの量は文字通り地獄。ついていけなくなると人生の単位をもらいに近くの居酒屋「わっしょい」に通いだす。

▼この人も学んだ：**小保方晴子**（研究者）、**井深大**（ソニー創業者）、**藤木直人**（俳優）、**大前研一**（経営コンサルタント）

男性が多くもっさり。

（基幹理工学部、２０００年代在学）

ひとつのことに集中するタイプの人が多い。

（基幹理工学部、２０１０年代在学）

■所沢キャンパス

とにかく遠い。早稲田キャンパスの人間にとっては、体感的に入間のアウトレットモールに行くくらい遠い。歩いていると「○○部、通ります！」とランナーが通り過ぎていく。スポーツと切っても切れない関係のキャンパスは別称「所沢体育大学」。

○人間科学部（男女比6：4）

……情報、環境、福祉を学ぶ学部。プログラミングから臨床心理、教職だと英語や社会、福祉系など様々な選択肢がある。坂道も多いし僻地すぎて転部を狙う人もいるが、eラーニング課程があるので忙しい芸能人やスポーツ選手にも人気。

▼この人も学んだ：**紗栄子**（タレント）、**羽生結弦**（フィギュアスケート選手）、**青木宣親**（プロ野球選手）、**鳥谷敬**（プロ野球選手）、**手越祐也**（アイドル／NEWS）、**中丸雄一**（アイドル／KAT-TUN）

■**スポーツ科学部**（男女比7：3）

……有名スポーツ選手が多数在籍。

▼この人も学んだ：**福原愛**（元卓球選手）、**桑田真澄**（元プロ野球選手、※高卒後プロを経て院に合格）、**五郎丸歩**（ラグビー選手）、**小野友樹**（声優）

8 早稲女図鑑

早稲女と言っても十人十色。キャンパス、学部、所属サークルによっても雰囲気は様々です。そして、誤解してはいけないのは、みんながみんな「男まさり」で「服装テキトウ」で飲み会ばっかりやっている訳ではございません。ここでは早稲田に生息する特定のタイプの女子をウキウキウォッチングしてみましょう。

1

アナウンサー目指してます早稲女

ルックス★★★　コミュ力★★★　プライド★★★

・早稲田にしては美人（自覚済）。
・早稲田にしては洗練されたルックス。
・野心と反骨精神は早稲田男子にも負けない。
・人知れずミス早稲田を狙っている。
・第 1 志望はセント・フォース。

WA - SE - JO

映画・演劇・お笑いサークル早稲女

就活力★★　コミュ力★★★　財力★

- 時期が来ると皆テレビ局と広告代理店を受け出す。
- 才能がありそうなダメ男に惹かれる。
- サークル内でくっついたり離れたりする。

WA - SE - JO

5

理系モテモテ早稲女

知力★★★　ルックス★★　体力★

・うんざりするほどのレポート提出に疲弊しているが顔に出さない。
・女子が少ないので、モテすぎて自尊心が上がる。（政経・法も同じく）
・地味な「メカ女」たちの間で浮きすぎるファッション。
・名門大の大学院進学による「学歴ロンダリング」を狙っている。

WA - SE - JO

資格系早稲女

討論力★★★　学力★★★　就活力★★★

・ダブルスクールで司法試験や公務員試験準備。
・いつも勉強仲間と図書館かカフェにいる。
・大学受験のままのテンションで高みを目指す。

WA - SE - JO

5 地球の歩きかた早稲女

機転★★★　語学力★★★　出席日数★

・ノリで第三外国語まで喋れる。
・国際部の留学生と仲良し。ハッピーでピースフルなイベントが大好き。
・一度旅行に行くとなかなか戻ってこない。
・LGBT の社会的地位向上を真剣にサポートしている。

WA - SE - JO

6 さっさと外の社会で生きる早稲女

知性★★★　偏屈さ★★★　愛校心★

- 学生時代から名のある文学賞などを受賞しプロ活動中。
- 本当は東大か一橋に行きたかった。
- チャラチャラしている学生たちが理解できない。

WA - SE - JO

7 ゆるふわ「擬態」早稲女 NEW!

リサーチ力★★★　社会性★★★　打たれ強さ★

・ネット検索とファストファッションが浸透してから出てきた次世代の早稲女。
・一見すると普通の女子大に通ってるっぽいカワイさ。読者モデルをしてたりする。
・一皮むくとガチのオタク。アイドルとかにどっぷりはまっている。

WA - SE - JO

9 世代別の出来事と雰囲気

大学は時代の影響をモロに受ける場所。というわけで、それぞれの世代で何が登場したのか、何が流行っていたのかを簡単にご紹介します。またその時代に在学していた人たちも挙げてみます。意外な人同士が同時期にキャンパスにいて、興味深いです（※敬称略。例によって偏りがすごいラインナップです）。現役の皆さんも、面白そうな人がいたらひとまず友達になっておくことをオススメします。

1960年代〜1970年代在学〈ポップカルチャー&アングラ世代〉

学生運動の収束。ファミレス、ファストフードの一号店が続々登場。

○できごと：寺山修司主宰・天井桟敷（67年）。浅間山荘事件（72年）。「ベルばら」

発表（72年）。「神田川」（73年）。ベトナム戦争（〜75年）。ピンクレディー人気（77年）。たけのこ族（78年）。ウォークマン登場（79年）。

▼この頃この人も学んだ（60年代）：田中眞紀子、久米宏、長塚京三（この3名は同じ時期「劇団木霊」にいたそうです）、**吉永小百合、タモリ、弘兼憲史、尾木直樹、村上春樹、斉木しげる**

▼この頃この人も学んだ（70年代）：石田純一、小室哲哉、室井滋

クラスの授業が始まる前には誰かがアジテートしていた。
（社会科学部、1970年代在学）

よく部室（アトリエ）で泊りがけの作業をしていた。夜中じゅう議論を戦わせていた（しかも抽象的な、哲学的な）。
（演劇系サークル、1970年代在学）

サークルには卒業生も加わっていた。その人達は学生の立場から次のステップに行けない人だったんだと思う。

（演劇系サークル、1970年代在学）

1980年代在学〈バブルでイケイケ世代〉

1960年代生まれが中心。卒論は主に手書き。「革マル派」がまだ学校にいて、校門や文学部スロープが政治的な立て看板で埋まっていた。待ち合わせ時の連絡手段は駅の伝言板と喫茶店の公衆電話。

○**できごと**：テクノカット（〜80年）。『笑っていいとも』開始（82年）。バブル景気（87〜91年）。おニャン子クラブ結成（85年）。写ルンです登場（86年）。映画『私をスキーに連れてって』（87年）。『ノルウェイの森』（87年）。ねるとん紅鯨団（87年）。

▼この頃この人も学んだ：北川悦吏子、えらけいこ、小川洋子、俵万智（軽部真一さんと「アナウンス研究会」で同期）、是枝裕和、デーモン閣下、内野聖陽、橋下徹

自由奔放。全エネルギーで爆走した感じ。男女関係なく、大いに飲んで、大いに暴れ、無謀な青春を一気に過ごした感じ（反省も多々あり）。生涯の友を得て、劇団仲間への変わらぬ信頼、青く熱い思いなど今の人生の原点がそこにある。飲み会はだいたい割り勘。同期だと金のない男子を、時には女子が世話してやった。家族みたいなもの。

（アングラ劇団所属、1980年代在学）

学外の演劇活動で、4年の時は3日しか登校しなかった。語学のテストを受けに行けないと先生に相談に行ったら（面識のある先生だった）、「あなたと演劇について」のレポートで単位をくれた。しかも、日本語でよかった。でも、卒論を書けず、半年留年した。

（第一文学部、1980年代在学）

１９９０年代在学〈不景気ダークムード世代〉

１９７０年代生まれが中心。卒論はワープロで書いていた。早稲田祭もなく就職は氷河期という受難の世代。プリクラブームによりこの頃の友達だけ写真がシール状で保存されている。

１９９０年代。仲間と昼メシ。（しかしなぜ階段？）

○できごと：ジュリアナ（91年）。ポケベル世代（92～97年）阪神淡路大震災（95年）。地下鉄サリン事件（95年）。就職氷河期（93～05年）インターネット普及（95年）。ウィンドウズ95（95年）。ＰＨＳ普及（95年）。コギャル・援交（96年）。ｅメール普及（97年）。早稲田祭中止（97～01年）。２ちゃんねる（99年）。プリクラブーム（99

年)。写メ機能つき携帯(99年)。

▼**この頃この人も学んだ：上田晋也、藤木直人、堺雅人**(テレビ番組で藤木直人さんのことを「藤木先輩」と呼んでいた)、**乙武洋匡、広末涼子、箕輪はるか**

サークルの飲み会で必ず全裸になるやつがいた。女子も慣れっこだった。今だったら警察沙汰だなと思うことがいろいろある。

(アート系サークル、1990年代入学)

2000年代在学〈IT&大学施設アップグレード世代〉

1980年代生まれが中心。学部が大きく再編され、学校施設もアップグレード。

○できごと：大江戸線・若松河田駅（00年）。Amazon 日本サイトオープン（00年）Google Japan 設立（01年）iPod（01年）。新学生会館オープン（01年）。旧学生会館解体（02年）。日韓W杯（02年）。冬ソナブーム（04年）。スーパーフリー事件（03年）。SNSの普及（04年）。ハンカチ王子（06年）。第一文学部&第二文学部を合体→文学、文化構想に（07年）。理工学部→基幹、創造、先進理工に（07年）。リーマンショック（08年）。副都心線・西早稲田駅（08年）。スマホの普及（08年）。ファストファッション（09年）。社学、昼間学部へ（09年）

▼この頃この人も学んだ：荒川静香、小保方晴子、綿矢りさ、五郎丸歩、市川紗椰、福原愛、中丸雄一、朝井リョウ

2010年代在学〈デジタルネイティブ&脱バンカラおしゃれ世代〉

1990年代生まれ（平成生まれ）が中心。週休2日制育ち。「ゆとり」と「さとり」世代。

○できごと：東日本大震災（11年）。LINE登場（11年）。学生起業。熊本地震（16年）。西日本豪雨（18年）。

▼この頃この人も学んだ：羽生結弦

出席について

講義の出席について見ていくと、村上春樹さんあたりの時代では学生たちのストライキやゴタゴタで授業はあんまりなかったそうです。出席日数も足りず、教授に相談してレポートで単位を貰ったとのこと。筆者のいた1990年代は出席カードを人に託した「代返」は当たり前。学生たちは高校の延長のノリで「いかにサボって単位を取るか」ばかり考えていました。

最近は学校側の管理も厳しくなってきており、学生のほうでも社会人の習い事に近い考え方で、学費分のモトを取ろうと進んで出席するらしいですね。それほど魅力的な授業も増えたのでしょう。

と、思っていたら早稲田は相変わらず早稲田。下記のようなタレコミも。

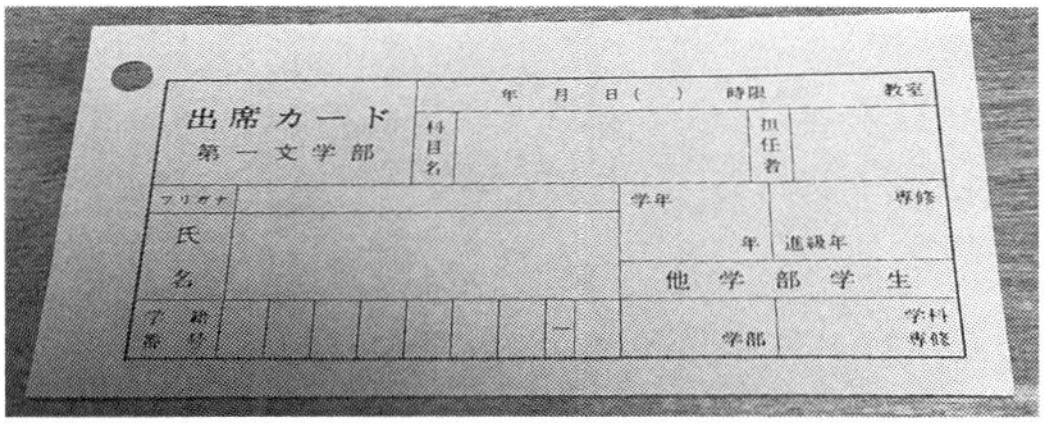

4色ある出席カードを全色きれいにストックしている「出席カード屋」もいて、各授業の特徴（最初にカードを配るとか、後から配るとか、抜き打ちとか）を把握してみんなうまくサボってました。
（政治経済学部、２０１０年代在学）

第一文学部の出席カード。なんと当時の手帳にいまだに入っていました

個人的にはそういう大学時代の「余白」が生む学びにものすごい意味があると思うので、どんなにハイテク管理ができるようになっても、多少のユルさは維持して欲しいと願っています。

コラム 早稲女名鑑

吉永小百合（1945年、東京都渋谷区生まれ）
女優、歌手。
早稲田在籍期間：1960年代後半（第二文学部西洋史学専修卒業）

早稲女ポイント

・「日活のスター」として高校から多忙をきわめ高校は正規の卒業もできなかったが、不屈の精神で受験資格を得て、早稲田へ入学。優秀な成績を収めきっちり4年で次席卒業。
・サークルは馬術部（一時期）。早慶戦も観戦し学生生活を謳歌。
・早大ラグビー部の熱心なサポーターで、毎年牛を一頭贈る。五郎丸選手も学生時代食べていた。

人気がありすぎて

・大学入試検定試験の勉強中、夜中に拳銃を持った男が心中目的で自宅に侵入。警官が負傷しショックを受ける。

・「サユリスト」と呼ばれる熱狂的なファンが多数。在学時は早稲田界隈での目撃情報が飛び交う。ちなみに同時期、タモリさんや『課長・島耕作』の弘兼憲史さんも早稲田在籍。「早稲田の男たちに崇められつつ卒業した唯一の早稲女」と言えるかもしれない。

10

都内の有名大学の中の早稲女

「早稲女ってそれほど特殊なの？」「他の大学の女子とどのくらい違うわけ？」と素朴な疑問を持たれた方もいるかもしれません。早稲女の雰囲気もだいぶ掴めてきたところで視点を少し広げてみます。早稲女はたしかにカラーがわかりやすいですが、各大学もそれぞれのカラーや特徴があります。というわけで、「東京六大学」「早慶ＭＡＲＣＨ」など、とかく早稲田と取り上げられがちな東京の有名大学の基本情報と、その大学の女子のイメージをあげてみましょう（あくまで個人のかたよったイメージです。在学生の全員がこんなふうではもちろんありませんので、**くれぐれも真に受けないように**）。

早稲田大学

日本屈指の私大マンモス校。

早慶

東京六大学

主なキャンパス	早稲田、戸山、西早稲田、所沢
出没エリア	高田馬場、新宿、池袋
ライバル	慶應義塾
アイコン	大隈講堂、ラグビー、演劇、ワセメシ、バンカラ、早稲田ベアー

慶應義塾大学

早慶

東京六大学

洗練度ナンバーワン。親の財布に眠る諭吉の数もワセダより多め！？

主なキャンパス	日吉、三田、矢上、信濃町、芝共立、湘南藤沢
出没エリア	渋谷、銀座、六本木・麻布
ライバル	東大、一橋、早稲田
アイコン	福沢諭吉、ミス慶應コンテスト、三田会、「ペンは剣より強し」の校章
この人も学んだ	小泉純一郎、橋本龍太郎、櫻井翔、トリンドル玲奈、松本隆

東京大学

東京六大学

他の追随を許さぬ日本一のエリート国立大学。
早稲田との共通項は野球と学生運動の歴史のみか。

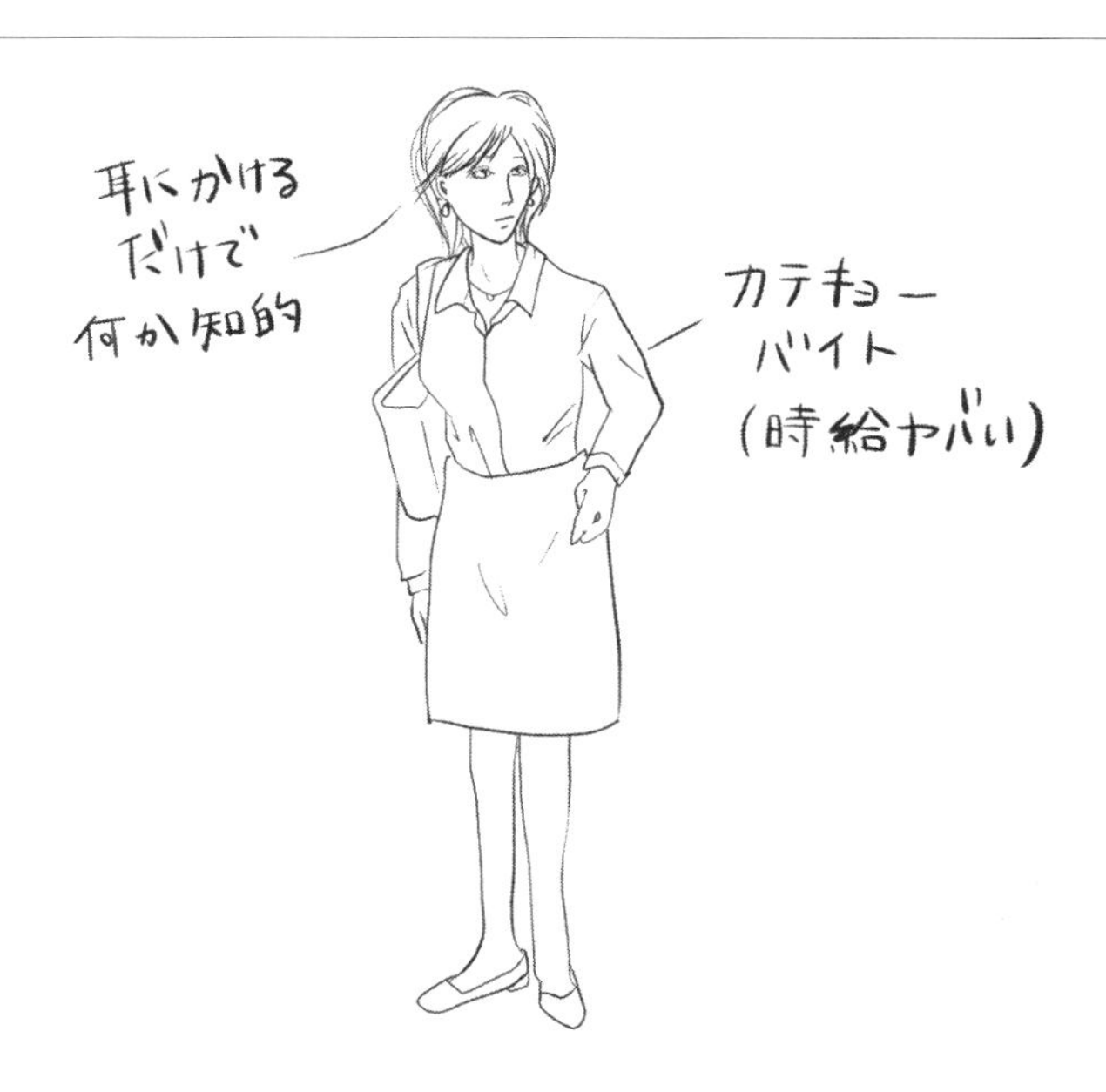

主なキャンパス	駒場、本郷
出没エリア	渋谷、下北沢、上野、秋葉原、谷根千
ライバル	京都大学
アイコン	赤門、五月祭、学生ベンチャー
この人も学んだ	畑正憲（ムツゴロウさん）、香川照之、森下佳子、能町みね子

明治大学

東京六大学

MARCH

脱バンカラだいたい成功！
有名人多数でイメージアップ。

主なキャンパス	駿河台、和泉、生田、中野
出没エリア	御茶ノ水、神保町、中野、新宿
ライバル	早稲田
アイコン	リバティタワー、現代マンガ図書館、明治ガールズコレクション、黒川農場
この人も学んだ	村山富市、唐十郎、北野武、長友佑都、北川景子、山下智久、安住紳一郎

法政大学

東京六大学

MARCH

バンカラからの脱却イメチェン中。施設増加で魅力アップ。

主なキャンパス	市ヶ谷、小金井、多摩
出没エリア	市ヶ谷、飯田橋、新宿
ライバル	明治大、中央大（といいつつ多摩の親近感）
アイコン	ボアソナード・タワー、裏シラバス、東京六大学初の女性総長（2014年）、他学部公開科目
この人も学んだ	江川卓、園子温、高畑充希

立教大学

東京六大学
MARCH

「普通」という美学を誇るミッション系大学。別名セントポール。池袋なのにオシャレ。

主なキャンパス	池袋、新座
出没エリア	池袋
ライバル	上智、青学
アイコン	蔦の絡まる赤レンガ、クリスマス・ツリー点灯式、アメフト、立教ベア
この人も学んだ	長嶋茂雄＆一茂、細野晴臣、周防正行

青山学院大学

MARCH

ミッション系のおしゃれ大学。昔は1、2年で強制的に僻地だったが、学部で分けてから人気急上昇。

主なキャンパス	青山、相模原
出没エリア	渋谷、表参道、町田
ライバル	慶應、上智、立教
アイコン	青山祭のミスコン、駅伝、クリスマス・ツリー点火祭、銀杏フェス、ブックカフェ、イーゴと銀ニャン
この人も学んだ	桑田佳祐、鳥居みゆき

中央大学

MARCH

資格取得を目指す安定志向大学。多摩の田舎でついついはかどる資格の勉強。図書館と学食が自慢。

主なキャンパス	多摩、後楽園
出没エリア	新宿、立川
ライバル	早稲田（法）、明治
アイコン	山と学食、白門祭、チュー王子
この人も学んだ	新海誠、秋元康、阿部慎之助

上智大学

日本初のカトリックミッション系。2011 年には看護学科も設置。英語表記は「Sophia」。

主なキャンパス	四谷、市谷、石神井、目白聖母
出没エリア	四谷、新宿、渋谷
ライバル	東京外語大、ICU、早稲田（国際教養学部限定）
アイコン	女子アナOG、ソフィアタワー、マイナー言語
この人も学んだ	細川護熙、ジャニー喜多川、デーブ・スペクター

国際基督教大学（ICU）

プロテスタントミッション系大学。緑豊かで広大な敷地にある突然の異国。学部は教養学部のみ。

主なキャンパス	三鷹
アイコン	独特のカタカナ用語（ジェネエド＝一般教育学科とか）、10人に1人は外国籍、原生林と自転車移動
ライバル	上智、東京外語大
この人も学んだ	佳子内親王、眞子内親王、鏡リュウジ

東京六大学、早慶ＭＡＲＣＨ＋αの相関図

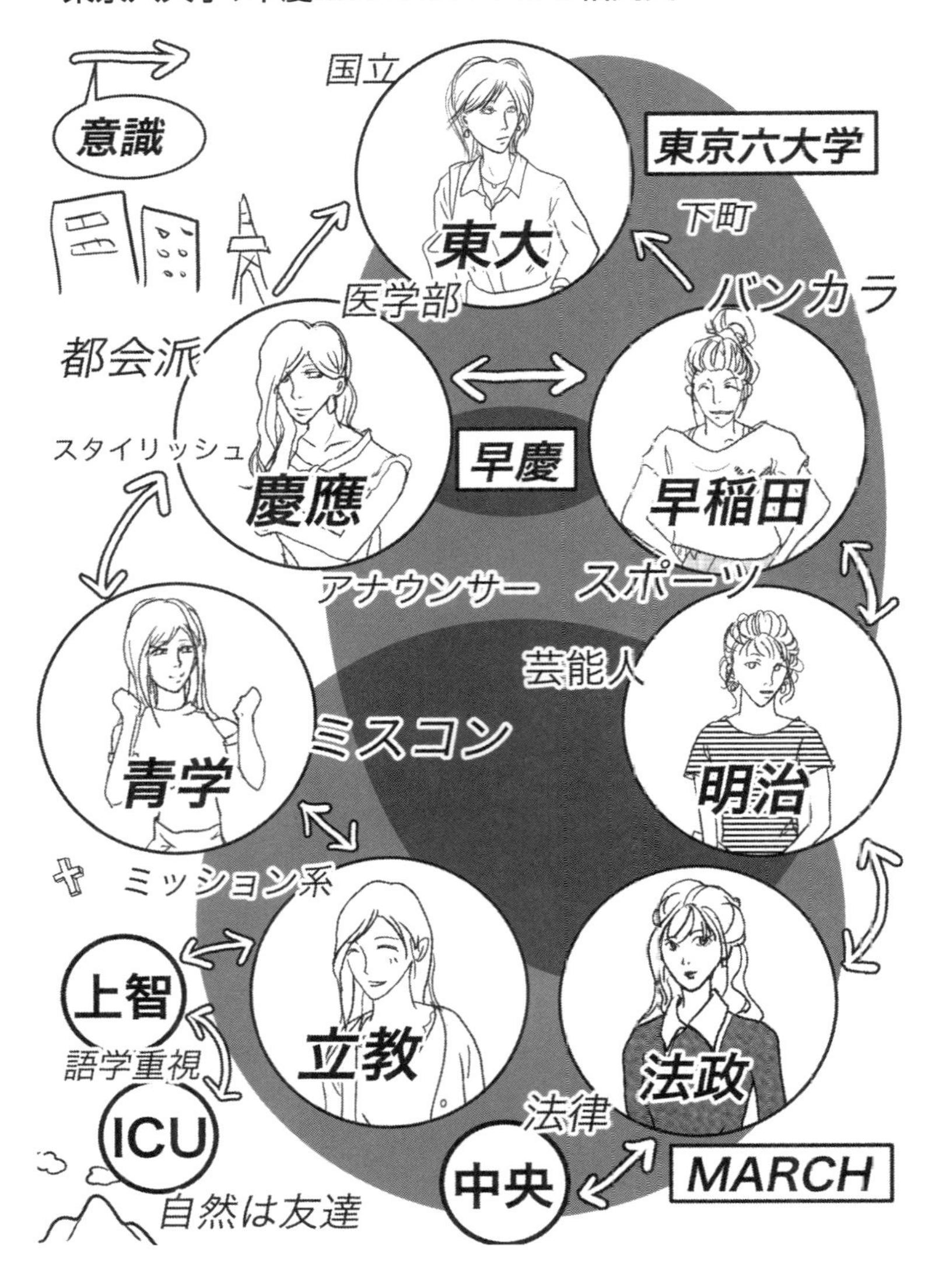

11 早稲女vs慶應ガール

「東京六大学」と早慶戦について

特に「都内で最も偏差値が高い六校」というわけでもない、国立と私立が混じったちょっと不思議な「東京六大学」というくくり。実は大学野球のリーグから来ています。

1903（明治36）年、早稲田からの挑戦状を慶應が受け初の早慶戦が実施されました。江戸が終わって35年後にはもうこんなことやってたんですから、大学野球と早慶戦の歴史の古さを感じますね。慶應義塾大学と早稲田大学は同じ時期にできたような印象があるかもしれませんが、創立は慶應のほうが14年も早いです。もともと福沢諭吉先生が作ってた蘭学塾からカウントしたら、その歴史の格は雲泥の差。早稲田は1902年にやっと「大学」を名乗る許可が下りたくらいなのに、その翌年にもう先輩格である慶應の野球部に挑戦状ですよ。反骨精神出しまくりですね！　しかも11—9で早稲田が負けているという……。いいんです。「態度が堂々たるものであれば、負けようが悔いるところはない」の精神です。

その後、都内の大学野球チームが少しずつ加入し、バチバチすぎて開催が見送られた早慶戦も復活し、最終的には早稲田、慶應、明治、法政、立教、東大の六大学でのリーグ戦が始まりました。それが「東京六大学」です。

このなかで「東大」が少し異色な気もしますが、日本の野球の歴史は、そもそも東大から始まったそうです。1872（明治5）年東大の前身となる学校で、アメリカ人のお雇い英語教師が学生たちに教えてその後日本中に広まったとされます。先にイギリス人教師がクリケットを広めていたら、果たして今頃どんな日本社会になっていたのか気になるところです。

永遠のライバル!?

その六大学の中でも「早慶」の名の通り、早稲田大学を語るときに切っても切れない関係にあるのは長年のライバル、慶應義塾大学。

よって「早稲女」が何かと比較の対象とされるのが「慶應ガール」。正反対なイメージも相まり、その関係はまさに犬と猿。水と油。蛇とマングース（もういいって？）のように取り沙汰されます。

そんな2校の関係を表す面白い広告をご紹介しましょう。

慶早戦ポスター２０１５

書かれているコピーは
「ハンカチ以来パッとしないわね、
早稲田さん。」
「ビリギャルって言葉がお似合いよ、
慶應さん。」

ネット上でも話題になり広告の賞も受賞されたので知っている方も多いかもしれません。

決してゆずれぬ女同士の闘い。早慶の「永遠のライバル」感が出てて秀逸です。

これは広告業界で活躍する慶應卒の男性が作った東京六大学野球の広告。さすが、「早慶戦」が「慶早戦」になっていますね。慶應義塾体育会野球部ウェブ上でもその表記になっているので、きっと「慶早戦」という言葉の普及を目指しているのでしょう。

いま「けいそうせん」と打とうとしたらパソコンの文字変換が戸惑っていましたが……。

と、乗っかってみましたが。

「ライバル関係」というのは一応建前で、実はそんなに早慶の仲は悪くはありません。

前述の通り、昔は確かに早慶戦の開催が危ぶまれ、開催しても乱闘騒ぎになる時代もありました。ただ、もうそういう時代ではないです。

この広告が世に出たこと自体が、ある意味早慶の信頼関係の表れとも言えます。双方の理解（頭のやわらかさ）と、協力がないと作れないタイプの広告ですからね。早慶にかかわらず一致団結して盛り上げ、たくさんの人たちに見に来て欲しいという熱い想いを感じます。

個人的にも、何かで知り合った相手の女性が「慶應生」だと聞いても、特にマイナスの感情は覚えません。早稲田の学生たちとは多少違うかもとは思いますが、普段あんまり会うこともないので、実際どんな感じなのかと興味のほうが先に立ちます。

就活のグループディスカッションの時くらいですかね、バチバチになっちゃうのは。その時は早稲女同士ですらバチバチしているので仕方ないです。

世間の目から見たら何かと一括りにされやすい早慶の両大学。せっかくなら、いがみ合うのではなく、切磋琢磨しあって、これからも面白いものを世に送り出していって欲しいなと思います。

えー、というのを大前提にしつつ、一応B級ディスり本の使命として、双方の違いを描いて見たいと思います。何度も言いますが、あくまでも筆者個人の独断と偏見と妄想なので、あまり真に受けずサラリと流していただけますと幸いです。

早稲女と慶應ガールの違いは?

○失恋のトラウマ

たとえば、二度と立ち上がれないほど手痛い失恋をしたらどうなる?

慶應ガールの場合：意地でも綺麗になる。補正下着の勧誘とかに引っかかりながらも、日々努力して自分を磨く。本心は上手に隠す術を身につける。

早稲女の場合：男化する。心のATフィールド（＝バリア）を全開に、男を言い負かす術を身につける。

○未知との遭遇

たとえば、階段の踊り場で倒れこんでいる男を発見。
その横にはペットっぽいイグアナがいたら？

慶應ガールの場合

早稲女の場合

早稲男で変人慣れしている。
こうしてダメンズに引っかかる。

○エリートとの邂逅

たとえば、いい感じになったエリートが本性を表したら？

エリート男「俺、家事できない女はダメなの。かといって生活感でてる女も引く。家事育児は男の見てないところでサラッとこなして欲しいよね」

慶應ガールの反応：同じ土俵には上がらない。

慶應「そうなんですねー（この人中身ないなー。でも単純であしらいやすいしいいか）」

早稲女の反応：つい喧嘩をふっかける。相手がエリートだと余計に気にくわない。

早稲子「え、それっておかしくないですか？　本気で言ってるんですか？　やば～」

○つまり、棲み分けがはっきりしている

慶應：社会的に何者でもないダメ男とは付き合えない

早稲女：上から目線のスノッブ野郎とは付き合えない

ほらね、全く争いにならないでしょう？

突然ですが、映画『ソーシャル・ネットワーク』でもおなじみ、海外の名門大に実在する「特権クラブ」をご存知でしょうか。入会には資産力、学力、育ちの良さ、ルックスなど最高レベルのサラブレッドだけが入れる超排他主義の組織です。ハーバード大の「フェニックス」「ポーセリアン」、イェール大の「スカル・アンド・ボーンズ」などが有名です。大統領やCIA長官は歴代こういったクラブに所属しており、自由の国アメリカのダブル・スタンダードがうかがえます。

さて、話を戻して、日本で一番この雰囲気に近いものを持っているのが良くも悪くも慶應義塾大学ではないでしょうか。幼稚舎から始まる長く枝分かれしたエスカレーターの上で、常に生まれと育ちを意識させられ、目に見えない格付けの中で送る大学生活。卒業後も慶應義塾の学閥である「三田会」が誇る強靭なネットワークに支えられ、「交詢社」「東京三田倶楽部」「銀座BRB」など会員制のクラブを擁するエクスクルーシブなコミュニティで政界、経済界、その他様々な分野に影響力を保ってきました。

オープンでフリーダムな早稲田の卒業生の団体である「稲門会」とは明らかに空気感が違います。

数十年前、知り合いが慶應卒の結婚式に出席したら、同じく**慶應ボーイ**と思われる男性が数名「**カマーバンド**」をつけていたらしいです。知っていますか？　カマーバンド。タキシードの中につける腹巻みたいなヤツです。カマーバンドって……『グレート・ギャッツビー』かよ！とツッコミを入れたくなる上流社会ぶり。早稲女から見ると本当に異世界です。まあ昨今は、「慶應ボーイ」「慶應ガール」の色メガネで見られることにうんざりしている学生さんも多いようですが。

12

読モランキングに見られる早稲女の変化

ここで、新しい世代の流れにも少し触れておこうと思います。

「早稲女をざっくりいうと？」というアンケートの答えに次のような回答がありました。

身嗜み完璧、同級生とは思えない位に綺羅びやか。
（文化構想学部、２０１０年代在学）

これは現役早稲田生の回答です。最初これを見た時、ひねりにひねった皮肉かと思いました。

しかし、他の現役生の答えを見ると、いくつかはやはり「キレイ」「見た目はいい」との回答。

どうやら本気で言っていることがわかり衝撃を受けました。

今の早稲田に一体何が起こっているのでしょう……。

「大学ランキング」（朝日新聞出版）では、毎年、女性ファッション誌『JJ』『CanCam』『ViVi』『Ray』4誌に掲載されている女子大生読者モデル（読モ）たちの出身大学を集計した**〈女性誌読者モデルランキング〉**を発表しています。

2008年あたりでは1位が神戸女学院大、2位が青学、3位が慶應、早稲田は15位でした。

さてさて、ここ数年、早稲田は読モランキングを見てみると――。

2015年　1位**早稲田**　2位青学　3位立教……10位慶應
2016年　1位慶應　2位**早稲田**　3位青学
2017年　1位慶應　2位青学　3位日本女子大……10位**早稲田**

どうです？　それほど悪くないでしょう。多少年により波のあるランキングなので、2017年は順位を落としましたが（扱いにくさがバレてきたのか？）、それはともかく2015年、目を疑いませんか？

圧倒的なリサーチ力で毎年『大学図鑑！』を作っていらっしゃるオバタカズユキさんも『早稲田と慶應の研究』（小学館新書、2018年）という本の中で、この現象に触れていました。

その小見出しが「ワセジョはおしゃれ！」ですよ。皮肉じゃなく、マジで言ってるんですよ。20年間早慶のキャンパスで取材を続けてきた方が「早稲女は垢抜けてきた」「2010年代になると慶應ガールと区別がつかないな、という印象になった」と言っているんですから、間違いない。

しかし、このランキングには少しカラクリがあって、早稲田は何と言っても数が多いんです。慶應の1．4倍くらいいるので単純に頭数で比較すると早稲田は有利なのです。女生徒の数で割ったランキングで見ると2015年も14位くらいです。しかも、早稲田の読者モデルの多くは国際教養学部。留学生やハーフが多いそうです。

とは言え、卒業生から見ると早稲女がファッション系のランキング上位に上がってくるというのは驚きです。キャンパスで取材されてる方も認めていることですし、オシャレ度に関してはもう「普通にオシャレ」と断言していいのでは。

この本の前半で若干傷ついてしまった現役生の皆さん、本当に申し訳ない。「今はちがうよ！」と声を大にして言っておきます。

ちなみに、早稲田の男子についてもこんなアンケート回答が。

漫画やドラマで出てきそうな、遊びを知った大学生というイメージです。
（教育学部、２０１０年代在学）

う〜ん、衝撃……。**男子も女子も、なんとなく慶應に近づいていっている、**ということでしょうか。

そういったわけで、現役生にとって「早稲女」とは、早稲田の女子学生の意味でしかなく、ダサさやイケてなさのニュアンスは含んでないとのこと。これはこれで、卒業生としてはちょっとさみしい気持ちになりますが。

せっかくなのでどなたか、今の早稲女たちに違う呼び名をつけてあげてくれませんか？「早稲田小町」とか？「シア早稲（ワセ）ガール」とか？（ダサ！）

13 早稲女100人に聞きました

聞けませんでした

今回この本を書くにあたって、早稲女の恋愛、就職、結婚、人生観を探るべく、早稲田在学生と卒業生計100人のアンケート集計を試みたんですよ。試みたんですけど、SNSで容易に拡散できるはずのこの時代に、なんとアンケートの回答が100件集まりませんでした。筆者の人脈、人望のなさに打ちひしがれること数日。それでも76件集まったなんて、すごいことです！（↓ポジティブマインド、ムリヤリ発動中）。いや、十分ですよ！　踏み込んだ質問に答えてくださった76人の早稲女の皆さんに心から感

謝です。途中、回答の面白さに脱線して、まとめるのに時間がかかってしまいました。

「早稲女に関するアンケート」

■期間：2018/08/13〜2018/10/15
■有効回答者数：女性76名
■調査方法：Google Forms（メールやSNSで依頼、回答者はウェブのリンク先に直接回答を記入）
■調査対象：早稲田大学在学・卒業の女性

アンケートをお願いした当初の目的としては、**早稲女に関する仮説の裏付けを取ること**でした。

私の仮説は次のようなものです。「早稲女はオシャレに興味がない」「早稲女は早稲田の男子と付き合う」「早稲女はタバコを吸う」「早稲女は怪しげなバイトをしたことがある」などなど。

実際にアンケートをとってみると、やはりその通りだと判断できる項目もあり、意外とそうでもなかった項目もありました。

何より参考になったのは自由回答です。早稲女のイメージ通りのユニークなエピソードをたくさん教えていただくのと同時に、同じ早稲女でも時代によって価値観や学校生活にかなりのズレがあるのだと学びました。おかげで、内容もだいぶ軌道修正できました。自由回答のほとんどは別の章でご紹介していますが、紹介しきれなかった部分をまとめて簡単にご紹介していきましょう。

回答者の入学した年代

入学の年代	人数
1970 年代	2
1980 年代	6
1990 年代	14
2000 年代	40
2010 年代	14
統計	76

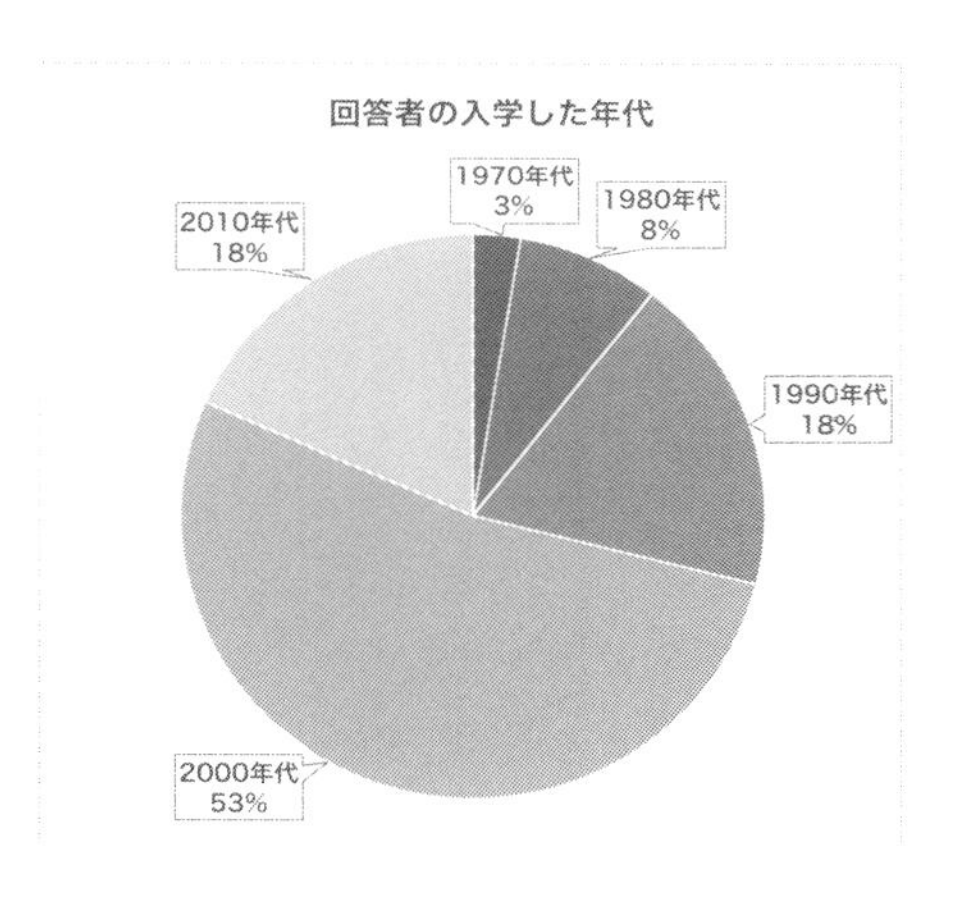

回答者の所属学部

所属学部	人数
文学部	39
教育学部	15
政治経済学部	8
法学部	6
社会科学部	4
理工学部	2
国際教養学部	1
人間科学部	1
統計	76

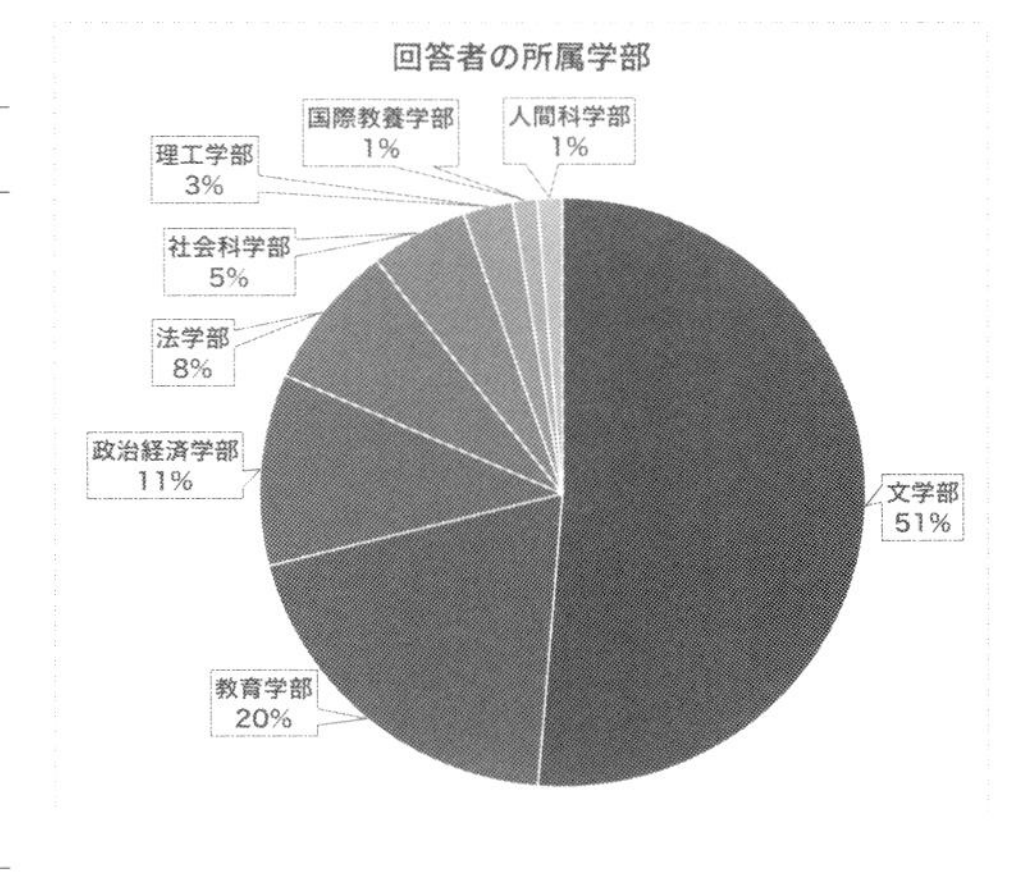

回答者の所属サークル

文科系		運動系	
映画	10	テニス	7
パントマイム	5	合気道	5
英語	5	ダンス	1
放送	4	フラダンス	1
バンド	4	サッカー	1
演劇	4	野球	1
シナリオ	3	バスケ	1
クラッシック	2	バレエ	1
法律	2	スノボー	1
文芸	1	よさこい	1
人力車	1		
美術	1		
音楽	1		
国際	1		
オールラウンド	1		
早稲田祭運営	1		
文化研究	1		
ピアノ	1		
マスコミ	1		
マンガ	1		

○喫煙について

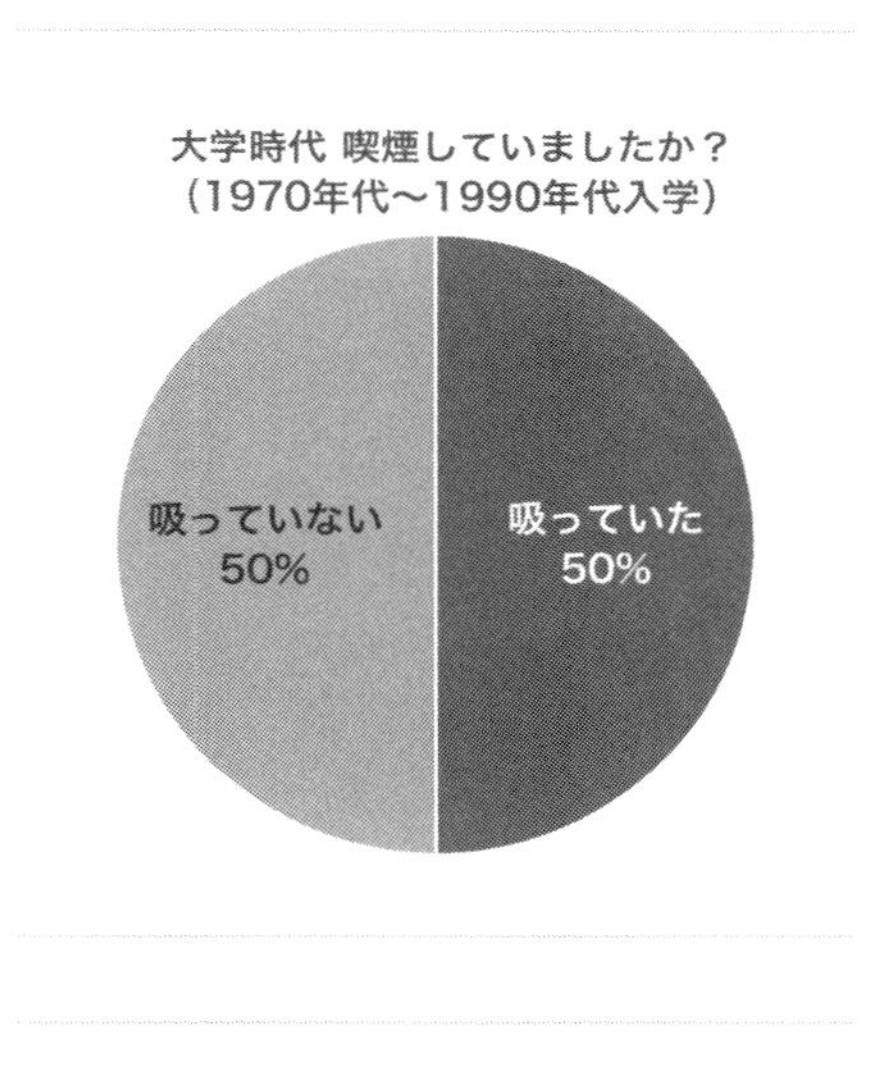

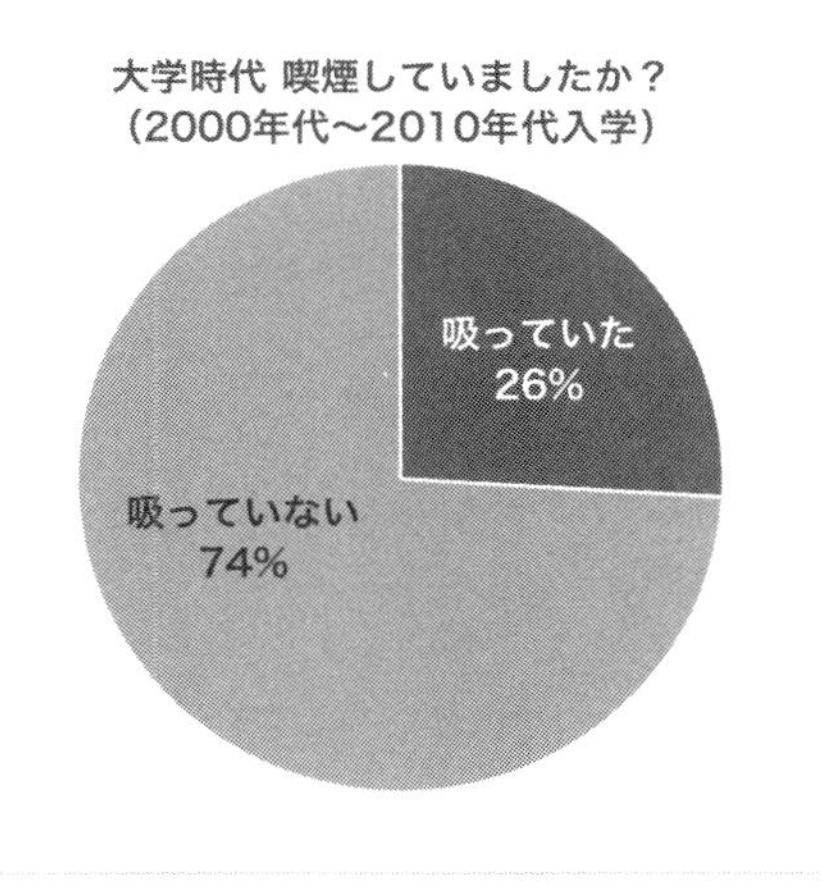

早稲女の喫煙に関していうと、１９９０年代入学までは２人に１人が吸っていました。

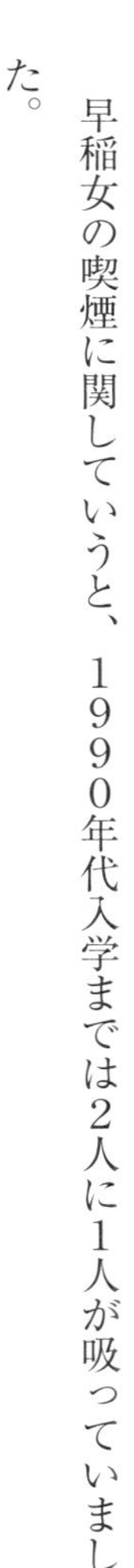

２０００年代に入ってからは４人に１人となっています。

○飲酒と飲み会について

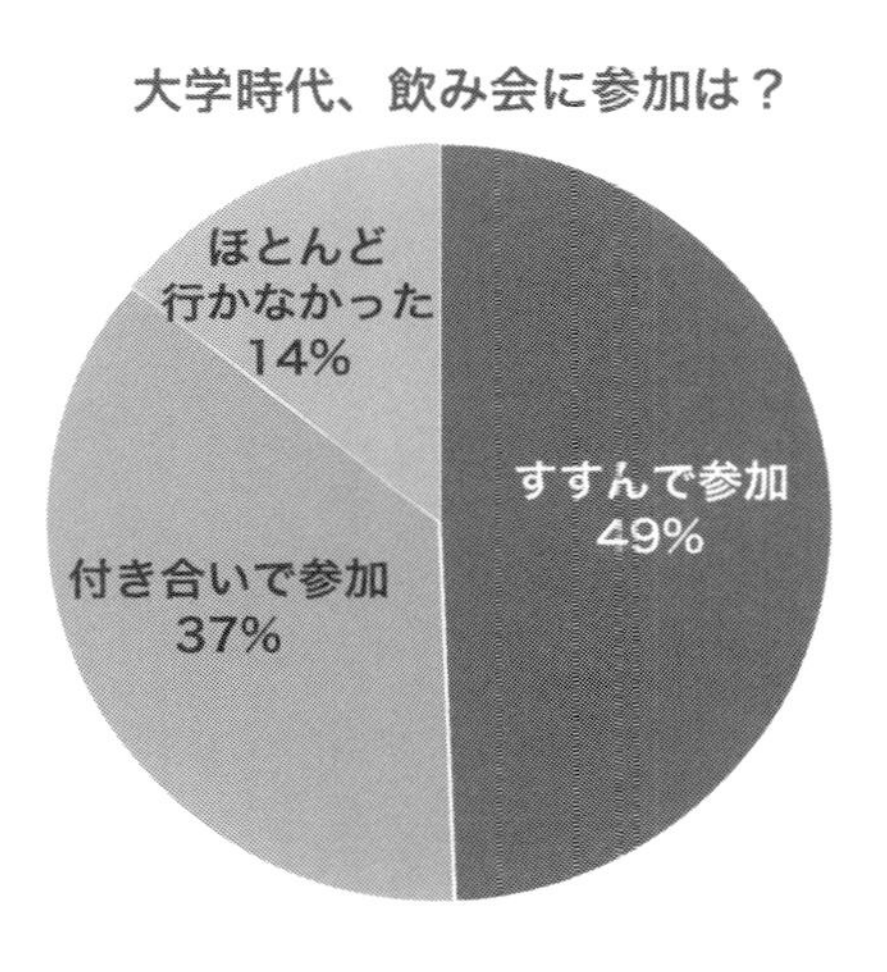
大学時代、飲み会に参加は？
ほとんど
行かなかった
14%
すすんで参加
49%
付き合いで参加
37%

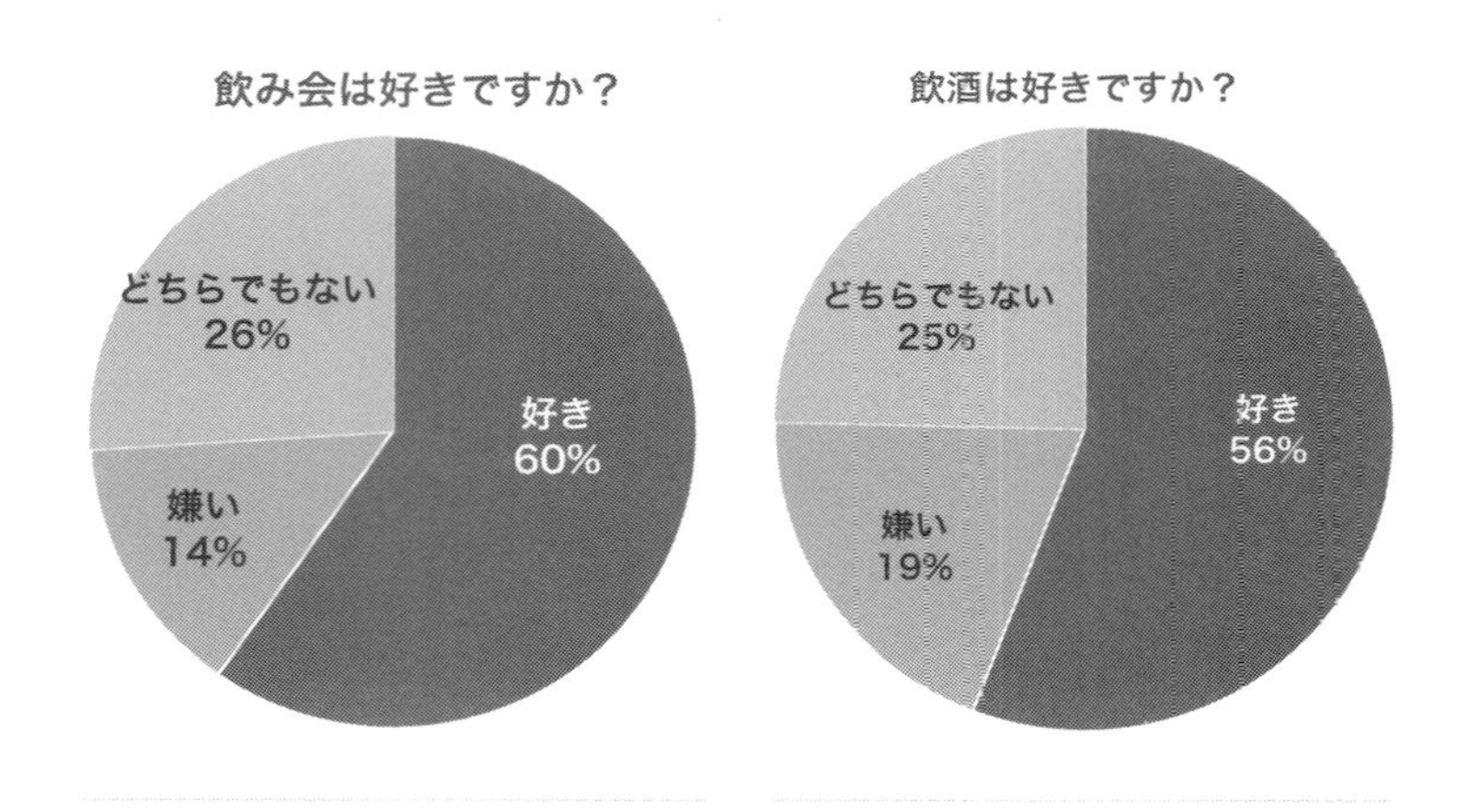
飲み会は好きですか？
どちらでもない
26%
好き
60%
嫌い
14%
飲酒は好きですか？
どちらでもない
25%
好き
56%
嫌い
19%

○ここだけの話

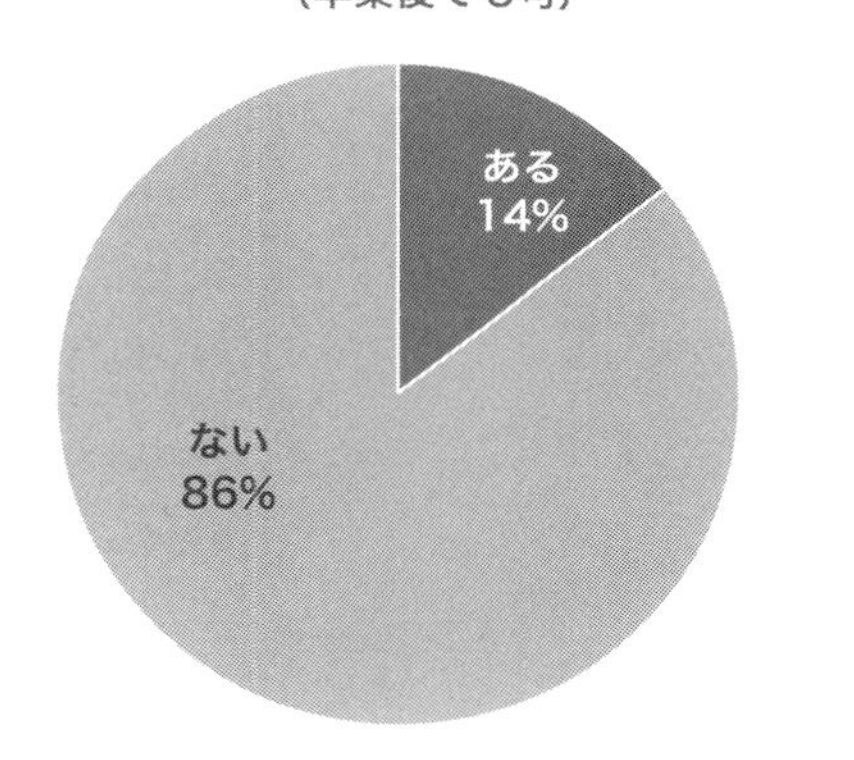
親に言えないアルバイトをしたことがありますか？
（卒業後でも可）
ある
14%
ない
86%

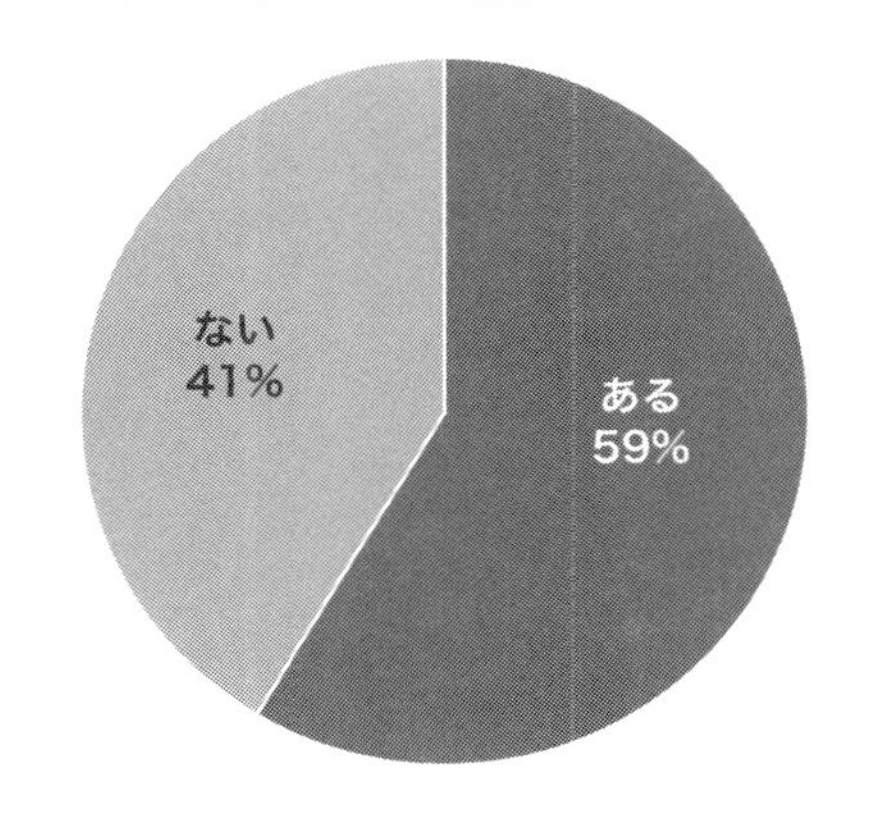
メンタルがやばかった時期はありますか？
ない
41%
ある
59%

○交際と結婚について

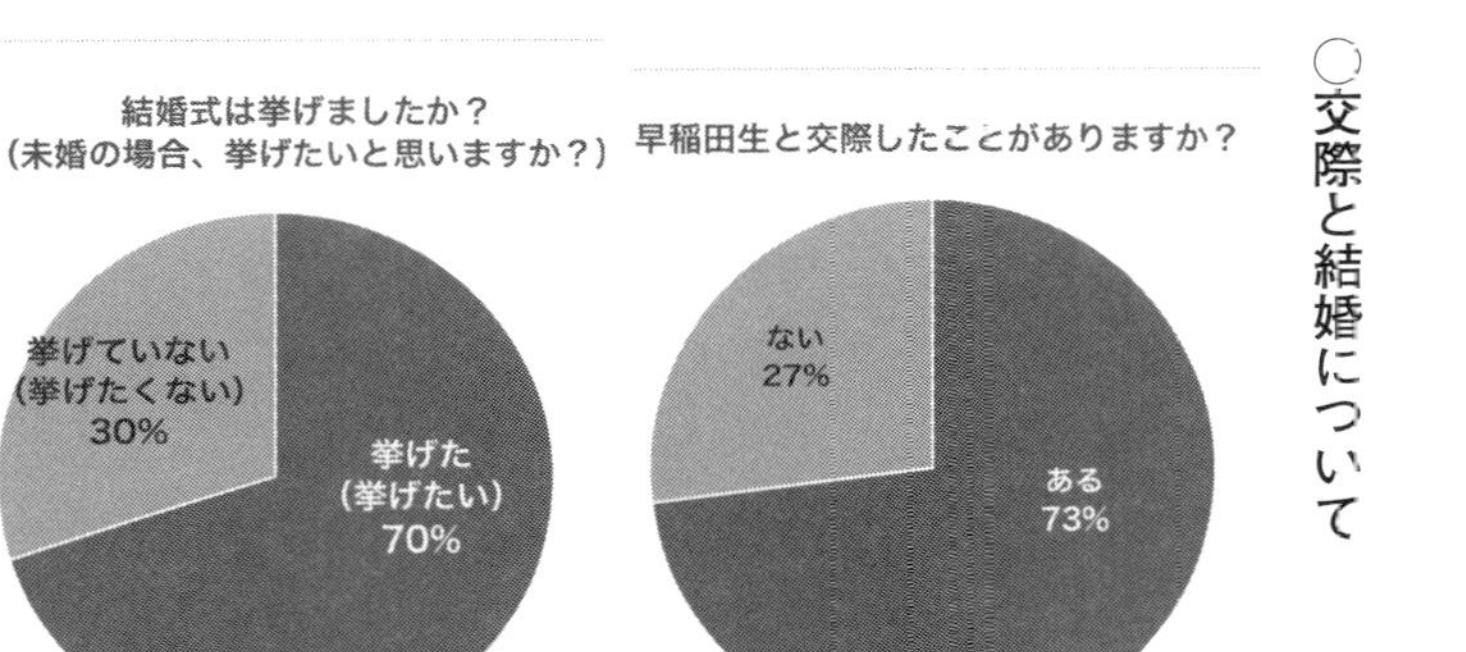

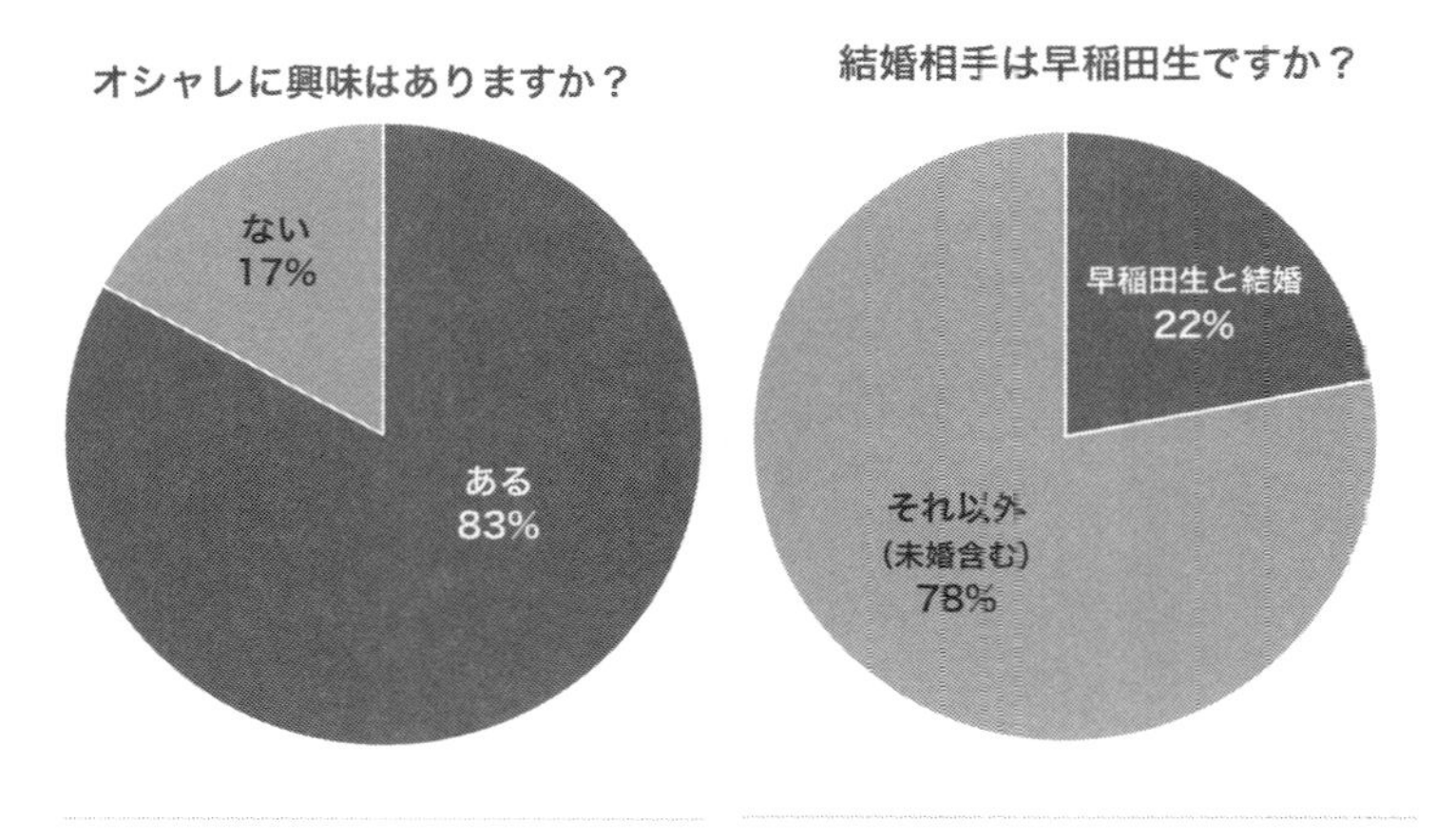

卒業生の中で有効回答 59 人中 13 人が早稲田生と結婚。（空欄回答は除く）

早稲女で良かったことはありますか?

・大学名だけでそこそこ信用してもらえること。(多数)

・早稲田という共通点で、社内外かかわらず、すぐ打ち解けられる。(多数)

・シンプルに、早稲田が楽しい。(国際教養学部、2010年代在学)

・とにかく学生時代が楽しかった。今でも戻りたい。勉強したい(授業では先生は自分の好きなことだけ喋って、きちんと教わることはなかったが)。(商学部&第二文学部、1970年代在学)

・早稲田はやりたいことを何でもできる学校なので、課外活動が充実していた(法学部、2000年代在学)

・どうやっても生きていけるという変な自信が芽生えた。（文学部、２０１０年代在学）

・最高の友人に恵まれ、揺るぎない誇りを持つことができた。（法学部、１９９０年代在学）

・根拠のないうっすらとした自己肯定感は早稲田に籍を置いた過去から来るものだと思う。（社会科学部、１９７０年代在学）

・早稲田出身というだけで、しっかり自立してるイメージをもたれて得。（第一文学部、２０００年代在学）

・自分のやりたいことを追求しても浮かないこと。（文学部、２０１０年代在学）

・フリーランスになり、ほとんど早稲田関連の方から仕事をいただいている。（第二

文学部、２０００年代在学）

※私もフリーランスで早稲田の人との仕事が多いです。「君早稲田なんだね。じゃあ仕事をあげよう」というエコヒイキがあるわけではなく、もともと何らか知ってて信頼関係があるから仕事を振られる場合と、早稲田と知らずに仕事をもらい始め、なんとなくノリが合うなと思っていたら後で早稲田だと判明してさらに打ち解けるというパターンが多い気がします。

・キャラがつきやすい。（第一文学部、２０００年代在学）

・卒業生がたくさん活躍しているので自分のことのように嬉しい。（第一文学部、２０００年代在学）

・ユニークな先達がたくさんいるので、何をするにも説明が付くというか、つぶしが利くところでしょうか…？　あと私は結婚願望がないので、それについて突っ込ま

れたときの説明として早稲女の肩書きは最強です。（文学部、２０００年代在学）

・男社会で生きやすかった。自分の性別についていいも悪いも、無頓着で入られた。ジェンダー差別やセクシャルマイノリティに対して共感的立場を維持したり、社会問題などに言いたいことを言える土壌となった。（社会科学部、１９８０年代在学）

・嫌だと思ったことはむしろない。とっても有意義な学生生活を過ごしたし、無碍に扱われたこともないので。（第一文学部、２０００年代在学）

・当時にしてみると、破格的に男性が対等に扱ってくれていました。（第一文学部、１９８０年代在学）

・根性と精神力を身につけて仕事に役立った。（教育、２０００年代在学）

・社会に出て、早稲田卒の人とは、全国で出会えて、心強い！（教育学部、２０００

年代在学）

・自分の発言がパワハラ、セクハラに当たらないかビクビクしているおじさん達が、ワセジョとわかるとあからさまにホッとしていて打ち解けやすい。（法、２０００年代在学）

・お洒落じゃなくても、化粧しなくても生きていける。早稲女だから許される。（文学部、２０１０年代在学）

・「どうせ早稲女ですから」と防御線を貼ることができるので、面倒な女性同士のもめ事の舞台に最初から乗らずに回避できる。（政治経済学部、２０００年代在学）

最後に一言

・早稲女万歳！（第一文学部、２０００年代在学）

・気の会う友人たちが沢山でき、楽しい大学生活を送れたのは間違いありません。（法学部、２０００年代在学）

・答えながらどんどん辛くなりましたが面白かったです！（文学部、２０００年代在学）

・周りと連絡を取りづらい時期がありました。早稲田と自分とのギャップにたまに重くなるかな。（社会科学部、１９９０年代在学）

・早稲田出身であること、あの場所で学べたこと、学友に出会えたことは私の人生で欠かすことのできないことです。だから「早稲女」であることも私の誇りです。早稲女だよね！って言うだけで多くは語らずとも気持ちが通じるような、上手く言葉にできない感情や思いを共有できるような。早稲女に乾杯！（政治経済学部、２０００年代在学）

・いろいろ周りに迷惑かけた学生だったので、こうやって振り返るのがこわくもありますが、それらを棚に上げてしまえば、自分の中で今の自分を形作るコア形成の時期だったんだ、と思います。見るもの、聞くもの全てが面白かった。いろんなことに造詣が深い友人たちが貴重な刺激をどんどん与えてくれた。世の中みんなこういう人たちばかりだとその時は思っていたけど、あれは早稲田ならではの特殊な環境だったんだなと後になって気づいた。早稲田はしみじみ思いだすような場所ではないですね、私にとっては。私には今でも熱い火球のような存在です。（商学部、第二文学部、１９７０年代在学）

ちなみにたくさんの方が最後の一言で応援のメッセージを書いてくれました。中にはこんな方も。

・早稲女はディスられてなんぼなので、是非面白い記事にしてください。（法学部、2000年代在学）

この一言のおかげで少し気が楽になりました。しかとディスらせていただきました。

皆様、ご協力本当にありがとうございました！

14 その後いかがですか？ ～OGたちの卒業後～

アンケート「卒業後の人生をざっくり教えてください」

▼やはり一番多いのは、就職

新卒で入った業界でバリバリキャリアを積んでいる方も、結婚などを機に好きな道にシフトチェンジしていった人もいます。就活で運が向かなかった人も、諦めずチャレンジを続け、のちに好きな仕事をつかみ取っている印象です。

・アパレルに就職、2年後に倒産、親会社の大企業に転籍するもあまりの体育会

系にドン引きし、半年で辞職、その後歯科助手に転職して今に至る。（教育学部、２０００年代在学）

・就職（介護職）、大学のサークルで出会った彼と婚約中。（文学部、２０１０年代在学）

・就職先が決まらぬまま卒業して半年ほどプータロー（引きこもり）をして、そこから映像業界で働く機会を得て4年ほど。ＡＤからはじまり現在はディレクターもします。（文学部、２０１０年代在学）

・ロシア語・社会の中学高校の免許、宅地建物取引士を在学中に取得、その後新卒で一部上場の不動産企業に就職、26歳で結婚、現在次長職でキャリアアップに向け邁進中。（第一文学部、２０００年代在学）

・就職したものの会社倒産で転職。二社目も四年で飽きて転職。現職入社後、大学の頃から付き合ってきた彼氏と結婚。現職は五年目突入。主に仕事に活かせそうな資格をちょいちょい取得。（第一文学部、２０００年代在学）

・プロの劇団員として20代後半までを過ごし、のちに美術関係の仕事に就く。結婚、育児を経て、現在書籍編集の仕事に従事。（第二文学部、１９８０年代在学）

・新卒で広告会社に入社、２年前に出版社に転職。結婚して一児の母。（政治経済学部、２０００年代在学）

・新卒でコンサル入社、半年で映画会社のプロデューサー補に転職、２年半で結婚退社、３年勉強して公認会計士試験合格、監査法人勤務の会計士で現在育休中。主にメディアエンタメ業界に関与。（第一文学部、２０００年代在学）

▼就職を経てフリーの仕事にシフトした人もたくさん

アンケートの比率に文学部が多かったためか、文筆業や広告系が多かったです。

・新卒で内定もらえず仕事点々とした後大手代理店に入り、現在フリーのコピーライター。（第一文学部、２０００年代在学）

・編集プロダクションで書籍の編集、結婚後フリーのライターになった。（第二文学部、２０００年代在学）

・正社員や派遣社員などを経て、フリーランス。今年、大道芸人と結婚・出産。（第二文学部、２０００年代在学）

・フリーで絵の仕事。（社会科学部、１９９０年代在学）

・就職し、一度好きな仕事でフリーになった後、今も好きな仕事を続けている。いろんな出会いに恵まれ、とても幸せな人生です。（法学部、１９９０年代在学）

・半年遅れで卒業し、演劇活動→結婚→芝居をやめシナリオライターを目指す→夫の開業した飲食店を手伝いつつ、そろそろ小説家志望に転向しようかと思っている。（第一文学部、１９８０年代在学）

・就職浪人してる間に、マスコミ系に興味もって、ライターになり、その後ずっとフリーランスです。夫も早稲田卒で似たような職種です。（第二文学部、１９９０年代在学）

▼勉強を続けたり、留学したり、専門職についたり、家を継いだり

・フリーターからの家業を継いでいる。（法学部、２０００年代在学）

・司法試験受験生。（法学部、２０００年代在学）

・新卒就職、その後起業。（教育学部、2000年代在学）

・すぐ留学し、留学先で夫と知り合い、夫を連れて帰国。学費のため会社勤めをしたあと大学院に入り、博士の学位を取る。専業主婦をし、シナリオセンターに入る。（第一文学部、1980年代在学）

・地方公務員になった。未婚。（文学部、2000年代在学）

・司法試験を受け、今修習中。大学1年の時から付き合ってた早稲田生と結婚した。（法、2000年代在学）

▼結婚し、子育てや主婦業に専念している方も多数

育休中の方も多かったです。それだけ安定した会社への就職が多いのか、前例のない中、闘ってでも育休をつかみ取ったのか。まだまだ社会のサポートがイケていない世の中ですが、早稲女らしく型にはまらない子育てをしていただきたいです。

・就職、結婚、出産、退職、育児中。（第一文学部、２０００年代在学、ほか多数）

・就職留年後、大手証券会社の営業職に就いたが、ノルマの日々に精神的に病んで転職→事務職を経験後、結婚、育児を機に退職、現在は育児・主婦業に専念中。（第一文学部、２０００年代在学）

・結婚して専業主婦。40代どう楽しむか思案中。（第一文学部、２０００年代在学）

・銀行に就職。その後二回転職。早稲田卒の人と結婚して退職。現在専業主婦。（教育学部、２０００年代在学）

▼働きながら自分の時間を大切にしてる方

・普通に会社員やりながら芝居やったりよさこいやったり飲み会やったり。良い意味で学生時代の延長。（第一文学部、２０００年代在学）

・学部卒業後、早稲田の中にある専門学校で建築を勉強して、そこで知り合った方々から仕事をいろいろ紹介してもらって、その繋がりで今に至ります。オタクなので仕事に打ち込むというよりは趣味のために頑張って稼いでます。週末こそ私の人生という感じで生きてます。（文学部、２０００年代在学）

・卒業後に勤めた企業に引き続き勤務。３年目から希望職種につけていて、社会人バンドをやっていたり恋愛以外は充実した生活をしている。あとは恋愛と結婚…。（政治経済学部、２０００年代在学）

▼まさに人生いろいろです

・マイナーな広告代理店→制作会社→フリーのコピーライター→今は書籍のライターとｗｅｂライターと区の臨時職員の３つ巴。未入籍で事実婚で息子２人。発達障害と自閉症でたいへんだった。いまは息子も大学生と働く人に。元夫は再婚しているがアル中になってたけど。（第一文学部、１９８０年代在学）

・就職浪人して大手テレビ通販J社に入社。社長秘書からテレビショッピングのMCに。何度か喉を潰す。天気によって売上が変わることに興味を持ち、気象予報士の資格を取得。地元仙台のテレビ局で気象キャスターに転身。（文化構想学部、2000年代在学）

・希望するマスコミ就職全敗。奨学金を返すために取り敢えず就職し2年で完済。その間も何か物を書く仕事をフリーで。結婚出産のブランクはあったが、何らかの形で社会と繋がっていないと私ではなくなると色々やりましたが。今は正社員として事務職に就いている。（年金が欲しいので）（社会科学部、1970年代在学）

・マスコミ（ブラック企業）就職、メンタル疲れで退職、アルバイトを経て、就職、企画職でフリーになるため退職、フリーライター&プランナー等で20年以上継続。人支援関連職の勉強後、自営。色々、心理系専門を学んで、臨床研究の手伝い後、臨床心理大学院で心理職の強化中。（社会科学部、1980年代在学）

15 早稲女が輝く8つの提案

早稲女の価値観やライフスタイルがわかってきたところで、僭越ながらいくつか早稲女の「軌道修正」の提案をしてみたいと思います。私は上からモノをいえるほど立派な人間ではないですが、少なくとも若い頃の失敗やこれまでの人生を振り返って「こうすればよかったな」という反省や気づきはあります。

少しでも気になる視点があれば、ぜひ取り入れてみてください！

1 愛されることを学ぼう

誰かが自分を愛し、100％の愛情で尽くしてくれる。自分にはその価値があるのだと理解しましょう。

お返しに何かしなくてはとあせる必要はありません。心から感謝して、笑顔で「ありがとう」が言えれば十分です。

愛されることを学ぶと、自分が不当に扱われている時にも気付けるようになります。

2 か弱い女のふりも学ぼう

弱みを見せたら負け。女を使ったら最後。そんな風に肩肘を張って生きる必要はありません。

外国人に何かお願いしたい時には英語を使うように、男性を動かす時は男性が理解できる言語で接してみましょう。

それは今、世間では「女らしさ」といわれているものかもしれません。男尊女卑を助長したくない気持ちはわかります。ですが、浮世の欠陥をあなたひとりが背負う必要はないのです。

3 酔っている時にSNSは投稿しない

勘違いしてはいけないのが、「酒が飲める女」＝「いい女」ではないし、「恋多き女」＝「幸せな女」ではないということ。

楽しい飲みの席で、周りを気まずくさせるドラマクイーンにならないように気をつけましょう。

さらに、帰りの電車や家に帰ってからも要注意。議論好きの早稲女にとって酒とSNSの相性は最悪です。

酔った時であれ、一度投稿してしまったものは、基本取り返しはつきません。

SNSは「飲んだら見るな、見るなら飲むな」くらいの心構えでいきましょう。

4 資格取得はほどほどに

真面目で頑張り屋の早稲女たちにこそ声を大にして言いたいことがあります。

資格取得は、ほどほどにしましょう。

世の中にはとにかくあなたの夢や希望を食い物にするビジネスが溢れています。

この本を棚に上げて言いますが、本のタイトルには「薬事法」や「景品表示法」のようなものがないことはご存知でしょうか。

「ガンを治したければ水を飲みなさい」

「世界の富豪1万人にインタビューしてわかった誰でもお金持ちの法則」

「TOEIC300からたった2ヶ月でハーバード合格の英語術」

はい。よく見ますねこういう大風呂敷を広げきったタイトル。本を売った側はあなたがお金を払えばそこでビジネス完了です。あなたの病気が治ろうが治るまいが、お金持ちになろうがなるまいが、なんの責任も負いません。

また、ナゾの資格検定が大流行りですが、大半はどこかの団体のお金儲けです。

履歴書に書ける一行を増やすのもいいですが、そんなものばかりに人生の貴重な時間とお金を費やしていいのか一度考えてみるべきです。

あなたの価値は、あなた自身が苦労して積んできた経験値です。

例えば趣味を極めて自分だけの「強み」を作ったり、色々な地域を旅行して見聞を広げ、「人を見る目」「トラブル対応力」「雑談力」を培う方がよほど有用だと思います（ちなみに、これは人見知りで出不精で旅行嫌いの私の大きな反省ポイントです）。

5 ダイエットもほどほどに

既成概念を打ち破るのが得意な早稲女のみなさんに協力していただきたい。

もう少し「女性の体型」に寛容な社会をつくりませんか？　そもそも男女それぞれが思う「理想の体型」は少しズレがあり、さらに日本人が思う「魅力的な体型」と、世界の人たちが思う「魅力的な体型」はかなりのズレがあります。

日本の女性たちは完璧な細さを求めすぎて、お互い首を絞めあっている状態です。

精神科医の和田秀樹先生が「ダイエットは現代の纏足（てんそく）だと思う」とおっしゃっていました。その言葉が個人的にものすごくしっくりきています。纏足とはかつて中国にあった風習で、足は小さければ小さいほど美しい、そうしないと嫁の貰い手がなくなると思い込ませて、子供の頃から女性の足を縛り付け不自然に小さくしていた文化です。そして女性を歩けなくすることにより家庭でも社会でも支配しやすくしていました。

現代の女性たちも多くのお金と時間とエネルギーを「不自然な細さ」を保つことに捧げて生きています。

私たち、もっと他にやることありますよね。

フランスでは、痩せすぎ体型の女性をモデルに使うのが違法になりました。西洋の思想流行が10年遅れで入ってきていることを考えても、今後もう少し世界のスタンダードに寄っていくと思われます。

「俺はスレンダーなモデル体型じゃないと受け付けない」などと言う日本の男性もいるでしょうが、本当にその男性といて、あなたが老後まで自分らしく幸せな人生を送れるかは怪しいところです。

不自然な世間のしばりつけに負けず、10年後くらいには健康的な体型の女性が堂々とふるまえる社会になってほしいです。というか、そうしていきませんか？

6 自分にとっての「幸せ」を早めに定義する

そろそろ認めましょう。早稲田はいい大学です。

あなたが一緒に学んだ校友たちはどんどん出世し、海外にも飛び出し、賞をとり、ネットニュースに出てテレビにも登場します。

素敵な相手と結婚し、いい家に住み、子供達と幸せいっぱいの写真をインスタなどに上げてきます。

正直、めちゃめちゃ焦ります。

自分だけが出来損ないでどうしようもない人生を送っているような気になってきます。

でも、人の人生、実際のところわからないものです。当事者じゃない限り。

幸せなふりを必死でしてるだけの人かもしれないし、本当に幸せなのかもしれない。

その人にはその人の、あなたにはあなたの選択や努力や運があっただけです。

誰しも全部は手に入らないし、入ったところで幸福感はまた別の話です。

そこで重要になってくるのは、あなたにとっての幸せは何かということです。

何をしている時は時間が飛ぶように過ぎて、何時間でも続けられるのか。

死ぬまでに何をしたいのか。

自分にとっての「幸せ」の定義です。

それは時期によって変化して構いません。とりあえず早めに考えてみることが大切です。

7 自尊心をすりへらす相手とは損をしてでも距離を置く

数年前、東大卒の女性が新卒で大手企業に入社後、自殺してしまうという事件がありました。どれほど頭が良い人間でも、疲れてくると思考が回らなくなるものです。そして不条理な状況に洗脳されていきます。

アンケートによると、早稲女の59%は「メンタルがやばい時期があった」と回答しています。

就活時や人生の節目に、出身大学と自分のギャップに悩んだり、真面目さが仇になったり、恋愛で傷ついたりと理由はいろいろです。

疲れているときは、休んでください。

困っているときは厚かましくなってください。

派手な失敗をしても囚われないでください。

あなたの自尊心をすり減らしてくる相手とは、たとえ損になっても距離をおきましょう。

断捨離が流行っていますが、本当に捨てるべきはあなたに甘いエサをちらつかせ洗脳してくる相手です。日々のお金や将来的安定を与えてくれる仕事でも、広い観点で見てやりたくないことはやめましょう。

一緒に居たくない相手とは居なくて結構。そんなものなくても、あなたは大丈夫です。

早稲田大学でとらわれない自由を学んだはず。

親や社会の期待に応えるより、自分の期待に応える生き方をしましょう。

付き合う人間を賢明に選べば、余計な雑音もグッと減るはず。

日々の細かい問題は一旦置いておいて、自分のした選択を心から誇りに思いましょう。

もし、命を絶つことだけが唯一の解決法に見えてきたら、まずは専門家に相談です。

それでもダメなら個人的には「局地的自殺」をお勧めします。

日本でのあなたはもう死んだことにして、バリやチェンマイなど安い物価で豊かに暮らせる都市にとりあえず逃げ出しましょう。

8 もうちょっとお互い助け合おうじゃない

ライバル校、慶應の強さの一つに卒業後の結束力やＯＢ・ＯＧからのサポート力の強さがあります。

慶應に入った本当のありがたみを知るのは卒業後だったという声も聞きます。それに比べると早稲田はやはり「１匹狼」気質、卒業後の助け合い体制はあまり活発ではありません。

ベタベタつるむ必要はないですが、袖振り合うも多生の縁、余力があるなら早稲田同士（そして早稲女同士！）意識して厚めにサポートしあってはいかがでしょうか？（あ、寄付金の話ではないです）。

卒業生同士の支え合いが回り回って母校の評判をあげ、良い人材が入り、より良い大学につながります。「なんでそんなことしてあげなきゃいけないの？　出身大学なんて卒業したら無関係じゃん」そう思う人もいるかもしれません。

これは言うなれば「気分の良さ」の問題です。

例えば、ワールドカップや五輪で日本が活躍すると気分がいい。逆にライバル国に日本がどんどん差をつけられたらやっぱり気分が悪い。

母校も同じようなものです。せっかくそれなりの努力を費やして入った大学なのに、孫の代になって「おばあちゃん、早稲田っていう大学だったんだよ」「え〜そんなとこ絶対入りたくない」なんて孫に言われるようになっていたら悲しすぎます。「早慶」という言葉がいつの間にか「慶早」になり、さらには「東慶」などに成り代わったらやはりとても残念に思います。

母校を誇りに思うことは傲慢でもナルシストでもありません。早稲田大学に通っていたという事実を大いに誇り、仲間同士助け合いましょう。

16

早稲女の逆襲

この世の中、女性は女性というだけで目に見えない差別や偏見や負担を当たり前のように強いられて生きています。そんな中、「早稲女ってこんな奴」という主観のカタマリのような本を出版することは、世間の「早稲女」への偏見を助長することにならないだろうか。後輩たちに嫌な思いをさせてしまうのではないか。少し悩みました。ですが、移り変わる時代の中で、私たちがリアルに生きた「早稲女文化」の記録を及ばずながらも残したいと思い、出版させていただくことに決めました。ごめんよ、みんな。

なるべく多くの早稲女に読んでもらい当時の何かしらを思い出し、エネルギーを充電してもらうことだけが、この本の存在意義です。

ここに書かれていることは、早稲女を「決めつける」ものではなく、早稲女ひとりひとりの「個性を讃えるもの」であるべきだと思っています。

この本の前半で「早稲女は男勝りで服もダサい」などとイケてない点を書き連ねました。ですが、いろいろ調べてみると、ここ数年でだいぶ事情が変わったこともわかりました。「読者モデルランキング」上位に食い込むなんて私たちの時代からしたら天地がひっくり返ったような大躍進です。

ただ、一つ懸念もあります。言葉を選ばずに言うなら、今の学生たちの「牙を抜かれすぎている感」です。いくら小綺麗になっても、良くも悪くも「普通の女」に成り下がってしまっては早稲女の名が泣きます。

これからの時代の早稲女は、中身の強さはそのままで、美しい外見の鎧をまとった最強女子に進化を遂げていただきたい。

いろいろな大学の中で、常に自立心を持ち、不条理と戦える強さを持っているのは早稲女がダントツだからです。送っている人生は人それぞれですが、多くの早稲女は、しなやかな強さとマイノリティへの優しさがあるように思うのです。

何者でもない私のアンケートに答えてくださった方達もそうでした。とても丁寧に答えてくださった方も多数いて、本当にありがたかったです。そしてそれは多少、あの大学のあの環境で育ったおかげがあるのではないかと思います。

さて、この本のタイトル「早稲女の逆襲」を見た時、皆さんはどんな内容を期待されたでしょうか。

「世間的にはこんなにひどい偏見を持たれている早稲女だけど、実はこんなに活躍してるんだぞ！」と成功した早稲女のインタビュー記事など紹介するような内容でしょうか？

はい。当初はそんな感じで考えていました。が、結局今回はやめました。編集の杉山さんが「学歴自慢や自画自賛はクールじゃない」とおっしゃっていたのも理由の一つですが、他にも理由はあります。

成功している人が沢山いるのはみんな知っているからです。どんな大学だって探せば成功している人はいるだろうし、ましてや人数が多い早稲女なら、それは星の数ほどいるでしょう。

しかし、私がこの一冊目となる本で伝えたかった「逆襲」はもっとささやかなもの。

それはシンプルな言葉で言うなら、生きにくい世の中を「気楽に生きよう」ということです。


周りのみんなはあなたに言います。悪意もなく。深い意味もなく――。

「就職は決まった？」

「今何してるの？」

「結婚しないの？」

「子供はまだ？」

「離婚したの？　なんで？」

「まだなんか目指してるの？」

「今いくつ？」

「仕事は続いてる？」

「辞めたの？　なんで？」

「え、主婦なの？」

あなたにはその言葉に何か含みがあるように聞こえます。

比較されたような。少し見下されたような。

相手が実際どう思っているかは問題ではありません。

あなたがそれをどう感じるかの問題です。

この持て余し気味の自意識と向き合うことからあなたの「逆襲」は始まります。


あなたの人生で最も重要なことは、まず第一に、他の誰でもない、あなた自身が自分らしく幸せになることです。早稲田大学に入学を決めたのも、そのためだったはず。

あなたはどんな将来を思い描いていましたか？　あの頃、何にワクワクして過ごしていたのでしょうか。

何をするにも遅すぎることはありません。

自由を愛しましょう。

とらわれずに生きましょう。

早稲女の最大の逆襲は、早稲女の肩書きに縛られず、また他のどんな肩書きにも縛られず、あなたが自分のことに集中し、自分史上、最高に幸せになることです。

というわけで――。

早稲女に幸あれ!!!

最後まで読んでくださってありがとうございます。

早稲女の人も、早稲女じゃない人も。

この本があなたの人生に、ほんの少しでも良い変化をもたらせたら嬉しいです。

では、素敵な今日をお過ごしください。

〈Acknowledgments〉（謝辞）

この本の内容は、たくさんの方々の協力でき上がっています。

あらためまして、アンケートにご協力いただいた76人の早稲女のみなさま。

本当にありがとうございました。早稲女の皆さん、マジ最高です！

そして本の出来はいかがだったでしょうか。ご満足いただけてると良いのですが……。

プラスの感想はアマゾンにでも載せていただいて、マイナスの感想はメールで直接いただければ幸いです（笑）。


アンケートに関してたくさんの「早稲田男子」にも拡散にご協力いただきました。

その中でも、脚本家でシナリオ・センター講師の浅田直亮さん、元映研の手塚肇さん、映画監督の宮岡太郎さん、そしてサークルの師匠・大道芸人ハッピィ吉沢さんには大変お世話になりました。

この方々がいなければ76人も協力者は集まらなかったです。

内容チェックにご協力いただいたシナリオ仲間の西野里沙さん。

快くポスターの許諾を下さった慶應ボーイの近藤雄介さん。

その他の皆様にも心から感謝です。


そしてなんといっても編集ご担当です。

無謀なことでも「いいね！」と前向きに面白がってくれる言視舎代表取締役の杉山尚次さん。

執筆中とても勇気をもらいました。おかげで調子に乗ってなんとか書ききることができました。

こんなに素敵な機会を与えてくれてありがとうございます！（世の早稲女に叩かれる時も一緒にボコボコになりましょうね！）

力を貸してくださった皆様に心から感謝を述べたいと思います。本当にありがとうございました！


そのうち飲みましょう。（↓早稲女の別れの挨拶）

主な参考文献

『早稲田と慶應の研究』 オバタカズユキ 小学館新書 2018年
『大学図鑑！2019』オバタカズユキ ダイヤモンド社 2018年
『大学ランキング』（朝日新聞出版） 2008年、2015年〜2019年
『東京六大学のススメ』 東京六大学研究会 株式会社カンゼン 2016年
『早慶MARCH 大学ブランド大激変』 小林哲夫 朝日新書 2016年
『早稲田大学の「今」を読む』 実業之日本社 造事務所 2014年
『慶應大学の「今」を読む』 実業之日本社 造事務所 2014年
『群れない媚びないこうやって生きてきた』黒田夏子 下重暁子 海竜社 2014年
『吉永小百合—夢一途』 吉永小百合 日本図書センター 2000年
『東京バカッ花』 室井滋 マガジンハウス 1994年

雑誌

論点「家族はどこへ」下重暁子 毎日新聞2016／2／12
特集『早慶MARCH』 週刊東洋経済 2015年 6／27号
『75歳の芥川賞受賞作家・黒田夏子さんが「結婚しない理由」』女性自身2013／2／1
記事『Wの悲劇 「早稲女魂」 ゆえに結婚できない人たち』 AERA 2000年2／28号

青山悠希（あおやま・ゆうき）
早稲田大学第一文学部卒業。サークルは「パントマイム舞☆夢☆踏」。
ニューヨーク市立大学大学院映画専攻修士課程修了。
第15回「テレビ朝日新人シナリオコンクール」優秀賞を経てシナリオライターに。

装丁………佐々木正見
イラスト………青山悠希
DTP制作………REN
編集協力………田中はるか

大学時代の筆者

早稲田女の逆襲

発行日❖2018年12月31日　初版第1刷

著者
青山悠希

発行者
杉山尚次

発行所
株式会社言視舎
東京都千代田区富士見2-2-2　〒102-0071
電話03-3234-5997　FAX 03-3234-5957
http://www.s-pn.jp/

印刷・製本
中央精版印刷（株）

ISBN978-4-86565-136-2 C0036

JASRAC出 1813408-801